METAS

METAS

CÓMO APROVECHAR AL MÁXIMO TU VIDA

ZIG ZIGLAR

Publicado y Distribuido por:

SOUND WISDOM
PO Box 310
Shippensburg, PA 17257-0310
717-530-2122

info@soundwisdom.com

www.soundwisdom.com

Diseño de la cubierta por Eileen Rockwell

TP ISBN: 978-1-64095-305-5

Ebook ISBN: 978-1-64095-306-2

For Worldwide Distribution, Printed in the U.S.A.

3 4 5 6 7 8 / 23 22

CONTENIDO

INTRODUCCIÓN

ZIG ZIGLAR es uno de los proponentes más elocuentes de establecer metas y alcanzarlas. Él descubrió que una carrera o el éxito financiero frecuentemente puede tener poca duración. Muchas veces las personas se quedan con un sentido de insatisfacción. Llegan a sus metas en la vida y encuentran que poseen muchas de las cosas que el dinero compra—pero les faltan los aspectos importantes de la vida que el dinero no puede comprar.

Tienes metas importantes que lograr. Posiblemente exista una meta personal en cuanto a tus relaciones personales actuales. Puede que tengas una meta financiera que alcanzar o una meta profesional concerniente a tu próxima promoción en tu carrera. Sabes que establecer y alcanzar esas metas requiere pasos de acciones específicas y un plan concreto.

Así que, ¿por qué no establecen metas más personas?

Muchas personas han sido condicionadas a creer que no tiene caso establecer metas porque nada bueno les va a suceder. Se les ha dicho que no esperen nada bueno. Han recibido consejo negativo, lo cual produce resultados negativos.

¡Prepárate!

Estás a punto de recibir mucha información y consejos positivos acerca de historias reales de éxito—¡revelando conclusivamente que establecer metas funciona! Este libro contiene instrucciones paso-por-paso que te muestran exactamente cómo establecer y alcanzar cualquier meta que desees.

Alguien alguna vez dijo que el fracaso es la línea de menor resistencia. El éxito ocurre cuando la oportunidad se encuentra con la preparación. Yo creo que eso es cierto. Puedes empezar a recibir las recompensas, los sueños, y los deseos que siempre has querido. Establecer metas sí funciona. Con Zig Ziglar como tu maestro, no puedes evitar lograr cada meta que establezcas.

Descubrirás:

- Cómo llegar a ser un "específico significante" en vez de una "generalidad errante".

- Cuando pones el esfuerzo, recibes los beneficios.

- Las cuatro razones básicas por las cuales las personas no alcanzan sus metas

- Que fuiste diseñado para el logro, hecho para el éxito y dotado con semillas de grandeza

- La diferencia entre la actividad y el logro

- Cómo aprovechar al máximo la vida

El éxito vale el tiempo y el esfuerzo, pero no es lo suficiente para sostener toda una vida en la cumbre. Después del éxito, el siguiente paso es avanzar del éxito a la significancia. Las metas te persuadirán a ser lo mejor que puedes ser y te convencerán a reconocer y continuar desarrollando lo que ya tienes, lo que puedes hacer y harás.

Sea que estés experimentando a Zig Ziglar por primera vez o aun si lo has seguido por muchos años, este libro será una revelación que cambiará tu vida.

ENTRE LOS
POSTES DE META

Antes de leer el Capítulo 1, toma unos minutos para considerar seriamente por qué estás leyendo este libro. Escribe cinco razones que tienes por las cuales estás leyendo un libro acerca de metas.

1. _____

2. _____

3. _____

4. _____

5. _____

En este mismo momento, ¿cuál área de tu vida se beneficiaría más si tuvieras metas para dicha área y pasos para alcanzar esas metas? ¿Tu carrera? ¿Relaciones con otros? ¿Financiera? ¿Familia? ¿Espiritual? ¿Marital? ¿Educativa? ¿Otra? Escribe algunas frases acerca de por qué esta área de tu vida te inquieta tanto.

_____

_____

_____

_____

La introducción dice que, "Este libro establece instrucciones paso-por-paso que muestran exactamente cómo establecer metas y lograr cualquier meta que desees". Antes de empezar, ¿te emociona esta declaración, te sientes escéptico, o estás listo a comprobar si es correcto o no? Explica brevemente tus pensamientos aquí – luego vuelve a visitar esta página después de terminar de leer este libro y compara tus pensamientos ahora y entonces.

_____

_____

_____

CAPÍTULO 1

LA VIDA ES COMO UN BUFÉ

(CUATRO RAZONES POR QUÉ LAS PERSONAS NO ESTABLECEN METAS)

HACE años, se abrió un nuevo restaurante que servía estilo bufé aquí en Dallas. Me gusta comer donde hay bufés porque puedo escoger exactamente lo que quiero y puedo ver lo que estoy a punto de comer. Así que me emocionó enterarme de restaurante porque era un nuevo lugar a dónde ir a comer. Cada vez que mi esposa y yo pasábamos por este establecimiento, había una fila de clientes desde afuera. Por fin llegó el bello en día en el cual—no había línea.

Cuando entramos, entendimos por qué no había fila afuera— una fila larga se había formado adentro. Pero ya nos habíamos estacionado así que decidimos quedarnos. Platicábamos mientras caminábamos. Cuando llegamos al final de la primera línea y dimos la vuelta, había una línea de unas treinta personas más.

Seguimos avanzando lentamente, pero al terminar esa línea y darnos la vuelta, había una fila de otras treinta personas más.

Pero ya para entonces yo podía ver las opciones de comida que la gente podía escoger, y anoté en mi mente lo que se veía rico. *Me serviré algo de eso ahora mismo*, pensé. Es importante que tomes estas decisiones porque no me importa cuán prodigioso sea tu apetito, nadie puede comer algo de todo lo que hay en un gran bufé.

Por fin, me tocó tomar una bandeja y los cubiertos. Al acercarme a la comida, ya había hecho mis selecciones, así que no perdí tiempo. Pedí algo de eso y de aquello y algo de eso también. Al llegar al final del mostrador, metí mi mano a mi bolsillo y saqué mi dinero. La dama que estaba allí me dijo, —No, no tiene que pagar hasta que esté a punto de irse.

Le dije, —¿Me está diciendo que usted me va a permitir comer toda esta comida y no tengo que pagar hasta que esté listo a irme?

Ella me dijo, —Sí, así es cómo hacemos las cosas aquí.

 Primero haces el esfuerzo, y luego recibes los beneficios.

No te puedo decir la cantidad de veces que he pensado acerca de eso, porque en un sentido de la palabra, así exactamente es la vida. La fila para entrar al bufé es como la vida. Tenemos un surtido de elecciones—lugares donde vivir, cosas que hacer, alimentos que comer, ocupaciones que probar. Tenemos un número increíble de elecciones.

La fila para el bufé ofrece muchas opciones, y la vida es justo así —pero en el otro extremo de la escala. En este nuevo bufé elegimos, comimos, y luego pagamos. Pero en el juego de la vida pagas, y luego comes. Por ejemplo, vas a la escuela, estudias las lecciones, pasas año, y luego pasas al siguiente grado, hasta graduarte de la preparatoria. Luego vas a la universidad, nuevamente estudias tus lecciones, y obtienes tu diploma. Luego posiblemente vayas a una escuela de posgrado. Y finalmente, después de haber terminado con todos tus estudios, aceptas un puesto en tu profesión y trabajas una semana, un mes, o lo que sea. Y luego, y solo entonces, después de hacer todas estas cosas, estás calificado y recibes el pago que te has ganado.

¡Tienes que tener metas!

Los agricultores aran el suelo y siembran las semillas. Luego fertilizan y cuidan las semillas, matando insectos y regando si no hay suficiente lluvia. Finalmente, llega el día cuando el agricultor puede ir a los campos y cosechar y luego llevar la cosecha al mercado, vender y recibir dinero a cambio.

Así es la vida—primero pones el esfuerzo, luego recibes los beneficios. Tienes que tener metas en la vida. Es vital que seas un "específico significante" en vez de una "generalidad errante".

CRECIMIENTO PERSONAL

Al ver este segmento de crecimiento personal, hablaremos de *por qué* tenemos que tener metas en la vida. La mayoría de las personas piensan mucho como los personajes de este relato acerca de la ocasión cuando la esposa envió a su esposo al centro para comprar un jamón. Cuando él regresó, ella le dijo, —Mi amor, no les pediste que cortara un trozo del extremo".

—No me dijiste que lo hiciera.

—Pues, yo creía que sabías que siempre pedimos que corten un pedazo del extremo.

—¿Por qué?

—Pues, mi mamá siempre pedía que cortaran el jamón así.

—Vamos a preguntarle ... Mamá, ¿por qué siempre pedías que cortaran un pedazo del extremo del jamón? —el esposo le preguntó a su suegra.

—Yo siempre pedía que cortaran un trozo del extremo del jamón porque es lo que mi mamá siempre hacía.

Ahora la pareja sentía curiosidad, así que le hablaron a la abuela y le preguntaron, —Abuela, ¿por qué siempre cortabas un pedazo del extremo del jamón?

—Porque un jamón completo no cabía en mi olla— le dijo.

La abuela tenía una razón por la cual cortar un pedazo del extremo del jamón. Pero la pregunta es: ¿tenía la pareja la misma razón? Si no sabes por qué estás haciendo algo, lo mejor es enterarte—más pronto que tarde.

RAZONES QUE IMPIDEN METAS

Desafortunadamente, el 97 por ciento de las personas en nuestra sociedad no tienen metas claramente definidas y escritas para sus vidas. Hay cuatro razones específicas por las cuales no tienen metas—el temor, pobre autoimagen, no están convencidos, y no saben cómo. Veamos cada razón más de cerca.

> Más del 90 por ciento de lo que se coloca en nuestras mentes a diario es de naturaleza negativa.

1. EL TEMOR

La primera razón, por supuesto, es el temor, que representa evidencia falsa que parece ser verídica. Al joven promedio de 18 años se le ha dicho "no" 148,000 veces, o "No lo puedes hacer". Tristemente, el 77 por ciento de lo que nos decimos a nosotros mismos es negativo. J Allan Petersen, en su libro, *El Mito del Pasto Más Verde*, señala que un estudio por computadora revela que más del 90 por ciento de lo que se coloca en nuestras mentes a diario es de naturaleza negativa. Así que, muchas personas simplemente no establecen metas debido a evidencia falsa.

Porque lo que se dicen en su diálogo interno parece real, actúan consecuentemente. Si parece ser real en un sentido práctico, tiene el mismo impacto como si fuera real. Por ejemplo, yo podría ir a casi cualquier ciudad en el mundo sin nada más que un pañuelo en mi mano y robar un banco. Lo único que tengo que hacer es colocar el pañuelo en mi cara, poner mi dedo en el bolsillo de mi saco, apuntarlo al cajero y decirle, "Dame todo el dinero que tienes en tu cajón de efectivo". La evidencia sería falsa, pero parecería real, así que el cajero respondería a mi demanda como si yo tuviera un arma real, y yo saldría del banco con el dinero. Posiblemente me disparen cuando salga, pero cuando menos el cajero del banco hubiera entregado el dinero.

Hace muchos años, un joven cubano secuestró un avión, desviándolo a Cuba con solo un jabón. Colocó el jabón en una caja y le dijo al piloto del avión: "Ésta es una bomba. Vayamos a Cuba". Y se fueron a Cuba. La evidencia era falsa, pero parecía ser real.

El temor impide a muchas personas establecer metas.

2. POBRE AUTOIMAGEN

La segunda cosa que impide a muchas personas establecer metas es su pobre autoimagen. No se pueden imaginar llegar a graduarse de la universidad, conseguir un trabajo excelente, vivir en una buena casa, ganar a su cónyuge ideal, etc. No se pueden imaginar estar bien financieramente o tener seguridad financiera—su imagen de sí mismos simplemente no les permite llegar allí. Funcionamos de acuerdo con la imagen que hemos plantado en nuestras mentes. Pensar positivamente no funcionará para las personas que piensan negativamente. Más bien, cuando tenemos una perspectiva positiva de nosotros mismos, una buena autoimagen, no hay límite a nuestros logros.

Una de las historias más asombrosas que personifica lo que quiero decir acerca de este tema es de Thom Harmann quien asistió a uno de mis seminarios de todo el día en Oklahoma City, Oklahoma. Posteriormente, recibí una carta de él informándome que había asistido al seminario porque su hermano tenía un boleto de más y él no tenía que trabajar ese día. Había alrededor de mil quinientas o mil seiscientas personas presentes, y Thom estaba sentado justo en el centro. Escribió que dentro de los primeros tres minutos, se dio cuenta de que estaba en el lugar equivocado.

Escribió, "Usted estaba al frente de la audiencia diciendo algunas cosas locas tales como: 'Puedes ir a donde quieras ir y hacer lo que quieras hacer. Puedes ser como quieres ser'. Y pensé, *Válgame. Qué tontería. Ya he escuchado a personas como tú antes.* Y para ser honesto, me hizo sentirme un tanto incómodo, así que empecé a ver si había alguna salida por donde me podría escapar fácilmente en caso de que empeorara y es exactamente lo que sucedió.

"No habían pasado ni tres minutos más cuando tuviste el atrevimiento de mirar al público y decir, 'Dios te ama y quiere lo mejor para ti'. ¡Y yo sabía que eso no era más que una gran tontería también. Entonces *en verdad* busqué cómo escaparme, pero allí me encontraba, atrapado en medio de mil seiscientas personas. No había manera de escaparme sin crear una gran distracción así que miré mi reloj y decidí irme durante el primer descanso. Y así terminaría todo.

"Unos minutos después, usted se refirió al hecho de que vamos a estar muertos por más tiempo de los que seremos vivos, y que por eso necesitábamos establecer algunas metas de muy largo alcance. Luego usted tuvo la audacia de decirnos que habíamos sido diseñados para el logro, hechos para el éxito, y dotados con las semillas de grandeza.

"Cuando usted dijo eso, bajé mi cabeza y pensé, *Pues cuando menos está parcialmente en lo cierto*. Bajé mi cabeza y miré mi cintura de 160 centímetros y mi volumen de casi 185 kilos. Estaba ya en las últimas de un divorcio devastador. La única razón por la que tenía un empleo era porque mi empleador era mi amigo y no porque realmente estuviera ganando dinero. No había asistido a la iglesia en muchos años. Estaba tan arruinado financieramente que cada viernes escribía un cheque sin fondos para poder conseguir algo que comer.

"En realidad no sé qué es lo que usted dijo, Zig, pero algo hizo reaccionar a mi mente; tomé mi pluma, y comencé a tomar apuntes en mi libreta amarilla. Tomé notas durante todo el día. Al final del seminario, por primera vez en mi vida adulta, vi un destello de esperanza".

La carta continuaba, "Al siguiente día, lo primero que le dije a mi jefe era que él ya no tenía meramente a un amigo en su nómina. Ahora tenía un empleado. Yo ahora iba a comenzar a valer mi propio peso —y con mis 185 kilos, eso representaba una declaración bastante sustancial".

Thom fue esa tarde a la Universidad de Oklahoma City y se inscribió en un par de cursos de sicología. Él ya estaba tomando algunas materias de historia, pero hizo el cambio para que pudiera aprender algo acerca de sí mismo. Al siguiente día, Thom fue a un establecimiento enfocado en la salud para hacer algo en cuanto a su pésima condición física. Al siguiente día, fue a una tienda de ropa para hombres y apartó ropa con valor de $700 USD, con un pequeño pago inicial.

> Posiblemente alguien te resista una o dos o una docena de veces, pero cuando le sigues diciendo que es importante y que tiene la habilidad de hacer cosas con su vida, eventualmente lo creerá.

Cuando el dueño de la tienda vio que estaba comprando sacos de talla 47" y pantalones de talla 39", le dijo, "Sr. Hartmann, ¿para quién está comprando esta ropa?" Thom le dijo que la estaba comprando para sí mismo. El dueño le miró como si estuviera loco, pero después de un tiempo, eso precisamente fue lo que Thom hizo.

Él escribió, "Posiblemente alguien te resista una o dos o una docena de veces, pero cuando le sigues diciendo que es importante y que tiene la habilidad de hacer cosas con su vida, eventualmente lo creerá. El asombroso mensaje que usted tiene puede dar la vuelta al mundo, 24,000 millas, en menos de una décima de segundo. Pero a veces toma años para que vaya a esa última octava de pulgada. Su mensaje finalmente me llegó".

Unos diez años después, Thom pesa poco más de 90 kilos, que es un peso adecuado para su talla de casi 1.9 metros, y de contextura muy grande. Enseña una clase bíblica en la iglesia cada domingo. Tiene su propio negocio.

Comparto esta historia con tanto detalle porque creo que cuando la analizas, ves a un hombre que estaba en la bancarrota física, bancarrota espiritual, bancarrota social, y además, desde una perspectiva familiar, también estaba en la bancarrota. Estaba en la bancarrota en cada aspecto importante de su vida. Y sin embargo, porque se involucró en el desarrollo de una buena auto-imagen, estableció metas, y los resultados fueron absolutamente espectaculares.

Tienes que establecer metas.

3. NO ESTAR CONVENCIDO

Podrás trabajar cuando trabajes y jugar cuando juegues.

La tercera razón por la cual las personas no tienen metas es básicamente porque nunca han estado convencidos de la importancia. Esa es mi razón primordial por este libro—para convencerte de tener metas. Estoy tan confiado de que estarás convencido, que antes de que te acuestes esta noche, habrás empezado a dar los pasos importantes para establecer tus propias metas. Incluso, iré hasta más allá que eso. Si no escribes algunas de tus metas esta misma noche, es mejor que no te acuestes si te interesa dormirte, porque no te vas a poder dormir. Si no las escribes, no vas a poder dormirte.

Absolutamente tienes que tener metas. Quiero hacer hincapié en que las metas funcionan para individuos, para familias, para compañías, y funcionan para las naciones también. El problema básico que enfrentamos es lo que nos decimos a nosotros mismos, nuestros pensamientos. La mayoría de las personas, cuando están ocupados trabajando en su empleo, comienzan a pensar, *Realmente debería estar pasando más tiempo con mi familia.* Y luego cuando están pasando tiempo con su familia, *En verdad, yo debería estar ahora trabajando para el bien de mi familia.* Y cuando están trabajando para el bien de su familia, sus mentes vuelven a pensar que deben estar en casa, y así sucesivamente. Y luego se quejan en el trabajo y en la casa, "Nunca tengo tiempo para nada". No es de maravillarse—¡siempre están viajando de ida y vuelta en sus mentes!

La verdad es que cuando la mayoría de las personas están en el trabajo, su mente está en el juego—y cuando están en el juego, su mente está en el trabajo. Así que ni están trabajando ni jugando; dondequiera que estén, siempre están perdiendo el tiempo.

Una de las cosas más bellas acerca de tener metas e instrucciones es el hecho de que podrás trabajar cuando trabajes y jugar cuando juegues. No voy a sugerir que trabajes más duro; de hecho, ya para cuando termines este libro, probablemente estarás trabajando menos. Pero cuando estés en el trabajo, estarás en el trabajo. Estarás trabajando infinitivamente más efectivamente cuando trabajes de esta manera y tu vida tendrá equilibrio. Hay una diferencia entre estándar de vida y calidad de vida.

 La dirección crea tiempo, y la motivación crea energía.

Por favor, entiende, toda persona tiene metas, pero muchas ni siquiera se dan cuenta de ello porque no las han identificado específicamente. Necesitamos involucrarnos más para que sepamos exactamente qué es lo que estamos haciendo y por qué lo estamos haciendo para que podamos obtener resultados mucho mejores. No puedes lograr en la vida como una "generalidad errante". Tienes que convertirte en un "específico significante". Muchas personas irán al trabajo mañana porque es lo que hicieron ayer. Y si esa es la razón por la que vas mañana, no serás tan bueno como lo fuiste ayer porque ahora eres dos días mayor y no estás más cerca a alcanzar la meta, la cual no tienes.

Muchas personas se quejan de la falta de tiempo. Pero el 99 por ciento del problema no es la falta de tiempo sino la falta de dirección. *La dirección crea tiempo, y la motivación crea energía.*

¿Recuerdas la última ve que tuviste uno de *esos* días? Posiblemente fue algo así: Te levantas temprano por la mañana porque tienes una cita de importancia crítica a las 8:30 de la mañana y tienes que estar absolutamente seguro de llegar allí a tiempo. Te arreglas muy bien, y cuando estás listo para irte, sales por la puerta y te das cuenta de que tu auto tiene un neumático desinflado. Ese es el comienzo de uno de *esos* días. Haces todos los movimientos y maniobras necesarias, lleno de sudor, y logras cambiar la llanta. Te cambias de ropa, te aseas, y vas lo más rápido posible para llegar a tu cita. Llegas exactamente a la hora especificada, y ves una pequeña nota en la puerta: "Lo lamento, tuve que salir de la ciudad. He pensado acerca del asunto y he decidido que no estoy interesado. No me llame, yo le llamaré".

Vas a la oficina y tan pronto que entras suena el teléfono. Es tu asistente administrativa quien no irá a trabajar ese día. Te das cuenta de que hace más calor que de costumbre porque el aire acondicionado no está funcionando. Un par de horas después, la plomería se descompone. Es una cosa tras otra hasta que, final y misericordiosamente, el día termina y estás agotado.

Cuando regresas a casa, apenas tienes suficiente energía para entrar por la puerta de enfrente, y tu esposa te saluda y te dice, "Mi amor, qué bueno que no tuviste que trabajar tarde, porque hoy es cuando teníamos planes de limpiar el garaje". *Oh no, hoy no,* piensas. *¡Estoy agotado!*

Luego suena el teléfono y es tu amigo invitándote a jugar el golf. "¡Llego en diez minutos!" le dices con energía renovada.

Tienes gran cantidad de energía para hacer las cosas que realmente quieres hacer. Y cuando haces las cosas que debes hacer cuando debes hacerlas, llegará el día en que podrás hacer las cosas que quieres hacer cuando quieras hacerlas.

Muchas personas dicen, "No me siento motivado para hacer nada". Pues, lo tienen al revés. Cuando sigues adelante y haces algo, entonces te sentirás motivado a hacerlo. La motivación literalmente sigue el acto y la motivación crea energía. Comienza ahora—escribe tus metas.

Cuando te disciplinas a hacer las cosas que debes hacer cuando debes hacerlas, llegará el día en que podrás hacer las cosas que quieres hacer cuando quieras hacerlas.

4. NO SABER CÓMO

La cuarta razón por la cual la mayoría de las personas no tienen metas es básicamente porque no saben cómo. Te voy a dar algunas malas noticias y algunas buenas noticias. Y sí, vas a recibir las malas noticias primero. Las malas noticias son éstas: Si en verdad te involucras en el proceso de establecer metas, te tomará entre diez y veinte horas para verdaderamente evaluar las metas. Si tienes un conjunto complejo de metas, puede que te tome treinta horas para establecer tus metas. Esa es otra razón por la cual tantas personas nunca las registran – es una tremenda inversión de tiempo. Ahora, esas son las malas noticias.

Ahora, dos buenas noticias—te puedo asegurar que una vez que hayas establecido tus metas correctamente, habrás creado para ti tres a hasta diez horas adicionales cada semana de tu vida por el resto de tu vida. Permíteme decirlo de nuevo, *cuando te disciplinas a hacer las cosas que debes hacer cuando debes hacerlas, llegará el día en que podrás hacer las cosas que quieres hacer cuando quieras hacerlas.* Las buenas noticias es que tener metas te dará mucho tiempo para perseguir lo que verdaderamente te interesa. Controlarás tu tiempo y tus actividades y tu futuro.

El resto de las buenas noticias—cuando aprendes a establecer una meta, sabrás cómo establecer todas las metas. Cuando aprendes a establecer una meta física, también sabrás cómo establecer metas mentales, espirituales, sociales, familiares, profesionales y financieras porque hay un procedimiento. Hay una fórmula para establecer todas. Si puedes resolver la respuesta a 12 veces doce, puedes resolver la respuesta para 2.865 por 9.412—si conoces la fórmula. De igual manera, puedes utilizar la fórmula para establecer metas para todos los aspectos de tu vida.

ESCRIBE UN LIBRO

Permíteme compartir una pequeña historia. Mi libro, *Nos veremos en la cumbre,* ha vendido más de dos millones de ejemplares incluyendo las ediciones en otros idiomas y países. Si no se hubiera vendido ni un solo ejemplar de este libro, yo de todas maneras diría que es la cosa más provechosa que jamás he hecho. No solo estoy hablando del nivel de vida sino también de la calidad de vida cuando hago esa declaración. Es que, este libro, que estás leyendo debería realmente titularse, *Lo que creo que debes hacer para aprovechar al máximo la vida.*

Mientras escribía *Nos veremos en la cumbre*, me di de cuenta que estaba aclarando lo que yo pensaba acerca de lo que se trata la vida. Por primera vez, realmente descubrí lo que yo pensaba que era importante, y la investigación reveló varias cosas que yo ya creía pero que no había podido articular.

Pienso que deberías escribir un libro. No importa si lo publicas o no. El acto de escribir será suficiente recompensa. Creo que deberías titular tu libro, *Lo que creo que debes hacer para aprovechar al máximo la vida.* Quiero compartir información sobre esto porque creo que es un ejemplo clásico de lo que se trata el establecimiento y logro de metas.

Las primeras palabras que escribí fueron, "Puedes ir a donde quieras ir. Puedes hacer lo que quieras. Puedes ser como quieres ser". Pues, cuando lo escribí, yo tenía una cintura de 41 pulgadas (104 cms) y pesaba más de 200 libras (90 kgs). Yo sabía que si mi público me iba a creer y no verme como un mentiroso o hipócrita, yo tendría que practicar lo que estaba hablando. Yo tenía que hacer algo conmigo.

Así que fui a una clínica de fitness y me hicieron pasar por toda clase de pruebas, sacaron sangre, etc. Cuando terminaron el examen, el médico que me había examinado me dijo, —Sr. Ziglar, estará encantado de saber que hemos pasado todas las cifras por la computadora y la verdad, señor, es que usted no tiene sobrepeso.

Dije, —Pues, ¡eso es fantástico!

—Sin embargo, —me dijo—, según nuestra computadora, a usted le faltan exactamente cinco pulgadas y medio de estatura.

Así que dije, —Pues, doctor, eso está bastante mal, ¿verdad?

Él dijo, —No, la verdad es que usted está en una condición asombrosamente buena para un hombre de sesenta años".

Dije, —Doctor, tengo cuarenta y seis.

Él dijo, —Pues, entonces está en condición pésima. De hecho, si usted fuera un edificio, yo lo condenaría.

Le pregunté al médico qué podía hacer y me dio instrucciones, metas, y pasos a seguir.

Cuando el "reloj de la oportunidad" sonó temprano la próxima mañana, me bajé de la cama. (Las personas negativas los llaman relojes de alarma".) Me puse mi nuevo traje deportivo elegante, salí por la puerta de enfrente, y corrí una cuadra. Hice mejor al siguiente día, sin embargo—corrí una cuadra y un buzón de correo. Al día siguiente corrí una cuadra y dos buzones de correo. Un día corrí el perímetro total de una manzana, regresé, desperté a toda la familia y dije, "¡Adivinen lo que Papi hizo!" Eventualmente corrí media milla, luego una milla, luego milla y media, luego dos, luego tres, luego cuatro, luego cinco. Y el peso comenzó a reducirse de 202 a 165. Y mi cintura disminuyó a 34 pulgadas.

Si estás considerando bajar de peso, permíteme darte algunos consejos.

- Hazte un examen médico exhaustivo – pero con un médico delgado. Si él o ella no cree en la importancia de cuidar su propio cuerpo, tú no estarás tan motivado.

- Si el médico te quiere dar una receta médica, no salgas de allí caminando sino corriendo. No te ganaste el peso por medio de tomar pastillas, y no perderás el peso permanentemente por medio de tomar pastillas.

- Si tienes un médico negativo, reemplázalo con uno positivo. Los médicos negativos básicamente te dicen lo que no puedes comer. Te dicen que no puedes comer todo lo que te gusta, pero que puedes tener todo lo que quieras de lo que no te gusta. Lo que me gustó tanto de mi médico era el hecho de que era tan positivo. Me dijo, "Señor Ziglar, te va a agradar mucho saber que puedes comer cualquier cosa que quieras—y he preparado una lista de lo que vas a querer".

Te puedo decir que puedo comer mucho pollo, mucho pescado, fruta, verdura y ensaladas. Y en ocasiones puedo comer un buen asado de res magra. Puedo comer casi cualquier cosa que quiera comer ahora. Creo que una combinación de dieta y ejercicio es la clave para ya no ganar peso de manera permanente. Un invierno, por ejemplo, lastimé mi espalda, y por dos meses no pude correr, así que subí ocho libras—mi cuerpo retiene los helados.

Estas son las cuatro razones por las cuales las personas no tienen metas—el temor, pobre autoimagen, no estar convencidos, y no saber cómo. Ahora, ¡disipemos esas razones de una vez por todas!

ACTIVIDAD O LOGRO

Cuando habla acerca de metas, me encanta la historia de Jean Henri Fabre, el gran naturalista francés.

Él condujo una serie de experimentos con algunas "Orugas Procesionales de Pino", así llamadas porque se siguen unas a otras en una procesión. Él las acomodó alrededor de una maceta hasta que formaron un círculo sin fin. Colocó algunas pinochas en el centro de la maceta, las cuales son el alimento de dicha oruga. Las orugas comenzaron a dar vueltas, una y otra vez. Por veinticuatro horas al día, siete días completos y siete noches completas, dieron vuelta tras vuelta hasta que literalmente se murieron por inanición y agotamiento. Con una abundancia de su alimento favorito a seis pulgadas, murieron de inanición porque confundieron la actividad con el logro.

> No son habilidades—lo que marca la diferencia es nuestro pensar y nuestra dirección.

Muchas personas hacen exactamente lo mismo.

No sé dónde vives, pero te diré algo acerca de tu ciudad. Hay personas que están en el mismo negocio que el tuyo. A algunos les va excepcionalmente bien y a otros no tanto. No me importa cuál negocio sea—no se trata del lugar, no se trata de las habilidades— lo que hace la diferencia es nuestro pensar y nuestra dirección.

Hay muchas personas que en realidad nunca tienen una dirección en la vida. Las puedes ver en todos los lugares de trabajo.

Vienen a trabajar y casi están "híper" todo el día. Están aquí y allí y en todas partes. Quiere decir que están ocupados, ocupados, ocupados. Pero al final del día, todavía tienen un escritorio lleno de papeles y no hay evidencia de que hayan logrado cosa alguna—porque en realidad no tienen dirección.

El ejemplo más sobresaliente de establecer metas que jamás he escuchado tiene que ver con los japoneses. En 1950, Japón estaba devastado por la guerra. Era una nación que había perdido un porcentaje más alto de sus jóvenes por guerra que cualquier otra nación en los últimos 100 años. Japón eligió una dirección. Japón no tiene recursos naturales—no tiene hierro, ni carbón, ni petróleo. Pero en 1950, los líderes del gobierno y los negocios y la industria se reunieron y decidieron unirse en una misma dirección juntos, declarando que querían llegar a ser número uno en la producción de textiles. Durante los años 1950 alcanzaron esa meta.

En 1960, los japoneses se fijaron la meta imposible de convertirse en la nación número uno en la producción de hierro. Para lograrlo, tuvieron que construir acerías e importar mineral de hierro y carbón desde miles de kilómetros de distancia. Luego tuvieron que fabricar el hierro, enviarlo a miles de kilómetros a su mercado, y venderlo por menos que la competencia. ¡Imposible! Pero los japoneses no se fijaron en lo que *no* tenían, se fijaron en lo que *sí* tenían —una disposición a trabajar, y trabajaron duro. Alcanzaron su meta.

En 1970, los japoneses se fijaron otra meta. Decidieron que en esta década, llegarían a ser la nación número uno en el mundo en la producción de automóviles. Se tardaron un año de más —les llevó hasta 1980 cuando su planta llegó a ser la más grande y el productor número uno de automóviles en el mundo.

En 1980, se fijaron otra meta. Dijeron que durante esta década llegarían a ser el número uno en la producción de electrónicos y computadoras. E hicieron justamente eso. Las metas funcionan ya sea para un individuo, una familia, una compañía o una nación. Estoy absolutamente convencido de que cuando tenemos nuestras metas firmemente establecidas, seguiremos siendo fuertes para que podamos permanecer libres. Las metas absolutamente funcionan.

> Demasiados americanos pasan más tiempo planeando la boda de lo que pasan planeando el matrimonio.

PLANEAR PARA LA VIDA

Me encanta la historia de amor de Sir Edmund Hillary. Él fue el primer hombre que escaló el Monte Everest, la montaña más alta en el mundo. Imagínate si, después de bajar de la montaña, un reportero le pregunta, "Dígame, Sir Edmundo, ¿cómo escaló la montaña más alta del mundo? ¿Cómo lo hizo?" ¿Creen siquiera por un momento que él contestaría, "Pues, yo simplemente estaba caminando por allí un día"? No, claro que no. Eso es absurdo; ridículo. Él planeó por días, semanas, probablemente meses y hasta años, estableciendo metas para cada tramo del viaje. Y sin embargo muchas personas no planean por los eventos más importantes de sus vidas.

Demasiados americanos pasan más tiempo planeando la boda de lo que pasan planeando el matrimonio. Demasiadas personas pasan más tiempo planeando cómo conseguir el empleo de lo que pasan en cómo ser productivos y exitosos en ese empleo.

Tienes que tener metas. El empresario J.C. Penney lo expresó de esta manera, "Dame a alguien con una meta, y te daré a alguien que hará historia. Pero," él dijo, "Dame a alguien sin una meta y te daré un empleado de almacén".

ENTRE LOS POSTES DE META

Considera estas preguntas seriamente—luego escribe las respuestas y toma acción.

1. ¿Has impreso o escrito tus metas?

   _____

2. ¿Has escrito en detalle por qué quieres alcanzar esas metas?

   _____

3. ¿Has identificado los obstáculos que tienes que superar para llegar allí? Algo que se interpone entre lo que tienes y lo que quieres. Si no hay nada entre ti y tus metas, entonces ya estarías allí. Tienes que averiguar cuáles son esos obstáculos y elegir superar cada uno.

   _____

   _____

4. ¿Has escrito detalladamente lo que necesitas saber para alcanzar tus metas?

_____

5. ¿Has identificado a las personas, los grupos y las organizaciones con quienes necesitas trabajar para llegar allí?

_____

_____

_____

6. ¿Has diseñado un plan específico de acción a fin de llegar allí?

_____

7. Finalmente, ¿has establecido una fecha para cada una de las metas que quieres lograr?

_____

_____

_____

CAPÍTULO DOS

NUEVE PASOS PARA ESTABLECER METAS

EL primer capítulo fue divertido. Ahora vamos a llegar al meollo del asunto. Aquí es cuando nos ponemos a trabajar y entramos en el proceso paso a paso de establecer metas. Involucra varios pasos, los cuales se explican en detalle en este capítulo y los capítulos que siguen.

1. ANÓTALO

El paso número uno es que anotes todo lo que quieres ser o hacer o tener. Tienes que *ser* antes de *hacer* y tienes que *hacer* antes de que puedas *tener*. La razón por qué necesitas anotarlo es sencillamente porque escribir requiere mayor concentración, lo cual traslada lo que escribes a tu mente subconsciente de manera más firme.

No tengo manera de comprobar mi siguiente declaración, pero creo que es verídica. He leído lo suficiente como para estar convencido de que mi declaración tiene una cantidad considerable de validez. Estoy personalmente convencido de que el mayor beneficio que viene de específicamente establecer metas es que dirige tu cerebro izquierdo, lo cual significa que libera a tu cerebro derecho para la creatividad para el cual fue diseñado. Al liberar a tu cerebro derecho, tu cerebro izquierdo está automáticamente dirigido hacia metas realistas de vida—lo cual es enormemente valioso.

El mayor beneficio que viene de establecer metas específicamente es que dirige a tu cerebro izquierdo, lo cual significa que estás liberando a tu cerebro derecho para la creatividad para el cual fue diseñado.

Anota todo lo que quieres ser o hacer o tener. Pon todo por escrito en una hoja de papel titulada "Ideas Locas". (Hay un espacio al final de este capítulo donde puedes escribir tus Ideas Locas). Ahora, por si acaso estás sentado pensando, *Ziglar, me va a tomar tres días anotar todo lo que quiero ser o hacer o tener*, permíteme asegurarte que al final de una hora habrás escrito el 95 por ciento de todo lo que pondrás en esa lista ahora. Dentro de las próximas veinticuatro a cuarenta y ocho horas, posiblemente agregues algunas cosas más, pero no serán muchas.

2. PREGUNTA POR QUÉ

Luego deja reposar la lista durante veinticuatro o hasta cuarenta y ocho horas. Al final de ese tiempo, revisa la lista y escribe dos palabras después de cada cosa que has escrito. Escribe las palabras "¿Por qué?" ¿Por qué quieres ser, hacer o tener lo que anotaste? Pasaremos el resto de este capítulo trabajando sobre por qué escribiste esas cosas. ¿Son metas reales, deseos que verdaderamente arden en tu vida? ¿O simplemente son caprichos? La verdadera tarea es descubrir lo que verdaderamente quieres—lo que hará una diferencia positiva en tu vida.

3. ELIMINA

Puede que esto suene un tanto negativo, pero ahora vamos a comenzar a eliminar algo de lo que escribiste. Mas vale que te diga lo que ya sabes—no siempre puedes tener todo lo que quieres ser y hacer y tener. Si no puedes articular en una sola frase por qué debes ser, o hacer o tener algo, entonces eso se tiene que descartar de la lista.

Por ejemplo, yo estaba repasando algunos de mis objetivos y anoté algunas de las cosas que quiero hacer este año. Para comenzar, me gustaría tomar algunas clases en un Instituto Bíblico. Me gustaría contar con mucho más tiempo con mi esposa, mis hijos y mis nietos. Me gustaría llevar a cabo más seminarios para familias. Quiero que mi programa de radio nuevamente comience a funcionar. Y quiero tener una columna diaria dentro del periódico. Quiero jugar al golf cinco o seis días a la semana. También quisiera participar más en mejorar algunos de los programas y anuncios en la televisión. Me gustaría trabajar en el campo político y contribuir a que personas calificadas sean elegidas para cargos públicos. Me gustaría pasar más tiempo luchando contra la pornografía. Quiero pasar más tiempo con mi personal. Quiero escribir cuando menos un libro por año. Quiero aprender a hablar español. Quiero involucrarme socialmente con mis vecinos. Quiero leer e investigar un mínimo de tres y de preferencia cuatro horas al día. Quiero dedicar cuando menos una hora al día a correr y hacer ejercicio y cuidar mi salud. Quiero ser activo en mis clubes cívicos y sociales de mi comunidad. Quiero visitar Rusia y China. Y me encantaría comer helado de sabor chocolate francés con almendras de la marca Braums tres veces al día.

¡Di no a lo bueno para que le puedas decir sí a lo mejor!

Ahora, para ser realista, no negativo, honestamente no creo que pueda hacer todas esas cosas—¡le tengo que decir que no a lo bueno para que le pueda decir que sí a lo mejor! Tenemos que determinar y luego trabajar sobre las cosas en nuestra lista que son verdaderamente significantes.

> Cuando pones demasiado énfasis en solo una o dos áreas de la vida, puedes deformarte.

4. EQUILIBRIO

Ahora necesitas equilibrar la lista. Al revisar tu lista, determina si cada una se relaciona con una de estas siete áreas en tu vida—física, mental, espiritual, social, financiera, profesional o familia. Luego anota cuál junto a cada meta en tu lista. Puede que tus metas solo tienen que ver con una o dos o tres áreas, y eso está bien. Pero permíteme recalcar que si solo estableces una o dos metas, y no estás realmente en serio, hay probabilidades de que no alcanzarás esa meta aun si sigues el procedimiento. Si resulta que sí alcanzas la meta, no tengo certeza alguna de que serás feliz cuando lo logres. Cuando le pones demasiado énfasis en solo una o dos áreas de la vida, puedes deformarte; por ejemplo, puede que tengas un nivel más alto de vida, ¿pero, qué de la calidad de tu vida?

5. EXPLORA

Paso número cinco, necesitamos explorar las siete preguntas básicas. Hazte estas preguntas:

1. ¿Alcanzar esta meta me hará más feliz?

   _____

2. ¿Alcanzar esta meta me hará más sano?

   _____

3. ¿Alcanzar esta meta me hará más próspero?

   _____

4. ¿Alcanzar esta meta me hará más seguro?

   _____

5. ¿Alcanzar esta meta causará que tenga más amigos?

   _____

6. ¿Alcanzar esta meta me traerá paz mental?

   _____

7. Y si tienes familia, ¿alcanzar esta meta mejorará mis relaciones familiares?

   _____

Sí no puedes contestar sí a cuando menos una de esas preguntas, necesitas tachar esas metas en tu lista. Nota: No borres lo que has escrito porque posiblemente esa meta no sea real para ti ahora, pero dentro de algunos años puede que la quieras considerar de nuevo.

6. ESTÍRATE

Número seis—necesitamos algunas metas que estiran; metas que requieren que nos extendamos. Me encanta la historia de "Gentleman Jim Corbett", el ex-campeón de peso pesado mundial. Él estaba trabajando en la carretera una mañana cuando vio a un pescador pescar peces grandes y pequeños. Corbett se fijó cuidadosamente en él y vio que el pescador se estaba quedando con los peces pequeños pero que estaba echando a los peces grandes de vuelta al agua.

Corbett también era pescador, y nunca había visto tal conducta, así que se acercó apresuradamente al hombre y le preguntó, "No comprendo. Soy pescador y nunca he visto a alguien quedarse con los peces pequeños y volver a echar los grandes. ¿Por qué lo estás haciendo?" El pescador lo miró tristemente y sacudió la cabeza. Dijo, —Para nada me gusta hacerlo, pero no tengo opción. Tengo que devolver los grandes al agua porque en casa solo tengo un sartén súper pequeño".

Ahora, antes de que te rías demasiado fuertemente, permíteme señalar que él está hablando de ti y de mí. Tantas veces obtenemos la gran meta, el gran sueño, la gran idea, pero tan pronto lo recibimos, decimos, "Oh no, Señor, no me des uno tan grande

... yo solo tengo un sartén pequeñísimo. Además, probablemente a alguien más ya se le ocurrió eso, así que solo dame uno de esos pequeños".

Ve tan lejos como puedas ver, y cuando llegues, siempre podrás ver aun más lejos.

METAS DE LARGO ALCANCE

Amigo, debemos tener algunas metas grandes para estirarnos y usar la habilidad dentro de nosotros; algunas metas tienen que ser de largo alcance. Si hay desvíos en el camino, está bien. Simplemente reajusta tu dirección. Yo me aferro a la frase, "No cambies tu objetivo, solo cambia tu dirección para alcanzarlo". Esto es después de que verdaderamente hayas establecido una meta u objetivo definido.

Si tienes una meta de largo alcance, no te olvides de que antes de que lo alcances, habrá problemas delante de ti. No importa cuál sea la meta, cosas ocurrirán en tu vida que no puedes controlar. Pero tienes que tratar esos atrasos *temporales* como una piedrecita en la playa. Si no tienes metas de largo alcance, los atrasos llegarán a ser tan grandes como la playa misma frente a ti.

La regla es simple—*Ir tan lejos como puedas ver, y cuando llegues, siempre podrás ver más lejos.*

Tienes que tener algunas metas de largo alcance, y tienes que tener metas diarias pequeñas, las cosas en la vida que son esenciales. A todos les encanta el gran sueño—la emoción de soñar con un viaje a Honolulu o un viaje alrededor del mundo; soñar acerca de construir una mansión, soñar acerca de tener el primer millón y luego el segundo millón y así sucesivamente. Pero la realidad es que, a fin de que las cosas grandes sucedan, tienes que lograr las metas pequeñas designadas en el camino. Además, algunas metas tienen que ser continuas.

METAS CONTINUAS

¿Qué es una meta continua? Mejorar tu *autoimagen* es una meta continua porque aun después de que seas adulto, aun después de que tengas cuarenta o cincuenta años de edad, puedes tener una experiencia devastadora. Por ejemplo, la autoimagen de una persona puede destruirse cuando ha tenido un empleo por treinta años y luego la nueva gerencia llega y lo despide. No puede encontrar empleo por los próximos seis meses o un año o dos años. El impacto puede ser devastador. O posiblemente su cónyuge lo deja. Eso puede ser un golpe devastador para su autoimagen.

Nuestra *salud* es una meta continua. Yo continuamente me enfoco en tener un cuerpo sano. Hacer ejercicio es algo que hago continuamente. Las metas espirituales son continuas. Metas en cuanto a nuestras relaciones son continuas. Y la mayoría de las personas necesitan tener metas financieras continuas.

7. VERIFICA SI HAY NEGATIVIDAD

El número siete es verificar si hay negatividad. Las metas pueden ser negativas si son demasiado grandes. Si una meta está fuera del alcance, esa es un detalle. Pero si está fuera de vista, es otro asunto. Expectativas no realistas son el semillero de la depresión. Por ejemplo, después de hablar en Detroit hace algunos años, un joven de veinticuatro años se acercó conmigo lleno de emoción y me dijo, "Usted me dejó muy emocionado ¡y voy a ganar un millón de dólares este año!"

El hecho era que yo sabía que este joven no tenía ni los $2.500 USD para pagar la tarifa de franquicia por el producto que yo estaba enseñando y entrenando para esa empresa en particular ese día. Él había estado trabajando por cuatro años, pero no había podido ahorrar $2.500. Pero en los próximos doce meses él cree que va a ganar un millón de dólares. Ahora – eso no tiene sentido—su presunción no tenía un fundamento basado en hechos reales o razón.

Tu meta también puede ser negativa si es algo fuera de tu campo. Al hablar de metas en Salt Lake City hace algunos años, un hombre joven de treinta años vino conmigo después de la sesión. Él medía cinco pies cinco pulgadas y pesaba alrededor de 210 libras. Me anunció que su meta era llegar a ser el campeón mundial de boxeo de peso ligero. Le pregunté cuánta experiencia tenía.

—Pues, —dijo—, el sábado pasado mi cuñado y yo estuvimos boxeando en el patio de atrás y ni usted ni se puede imaginar con cuánta facilidad le gané".

Le pregunté, —¿Cuánta experiencia han tenido ambos en el boxeo?

Resultó que ninguno de los dos tenía experiencia. Entonces allí había un hombre que iba rumbo al cementerio. En el ring, un boxeador profesional lo podría matar. No hay duda. Esa era una meta totalmente fuera de su campo. Una meta puede ser negativa si es algo totalmente fuera de tu campo o interés o área de experiencia.

La tercera razón por la cual una meta puede ser negativa es si dependes de la suerte para lograrla. Si eres fuerte en cuanto a tu determinación y valor —los cuales son requisitos— tienes posibilidades. ¿Pero meramente por suerte? No hay manera.

Ahora, recuerda, lo que estamos haciendo es mantener lo principal, lo principal. Poco a poco estamos trabajando para determinar qué es lo que realmente queremos.

> Lo que estamos haciendo es mantener lo principal, lo principal. ✔

8. HAZ CINCO PREGUNTAS

El paso número ocho es hacernos cinco preguntas. La primera pregunta: *¿Es ésta realmente mi meta?* Existen muchos médicos, abogados, predicadores, plomeros y toda clase de profesionistas que no son tan buenos como pudieran ser porque no persiguieron sus propios objetivos. Sus padres, abuelos, predicadores, profesores o amigos en algún momento posiblemente les haya dicho algo como, "¿Sabes? Eres muy bueno para eso. Deberías ser..." y alguien más básicamente fue quien estableció sus metas.

Hay ocasiones cuando dos personas se gradúan juntos y uno consigue primero un trabajo en una fábrica o empresa cercana y le dice al otro, "Tengo un excelente trabajo con beneficios increíbles. Es un buen ambiente de trabajo también. Deberías someter tu solicitud". Y muchas veces, sin pensarlo más, el otro elige su carrera. Luego, cinco y en ocasiones diez años después, ambos todavía están allí —deteniéndose con demasiada frecuencia en la cantina antes de llegar a casa. Están extremadamente aburridos con lo que están haciendo. Tomaron el primero trabajo que les llegó. Decide cuál es tu meta, y luego persíguela.

La segunda pregunta: *¿Es esto moralmente correcto y justo para todas las personas afectadas?* La idea de abusar o perjudicar a otros, aprovechándose de ellos para lograr tus objetivos simplemente no es válida en este mundo tan competitivo que tenemos hoy en día. Tenemos que trabajar en cooperación con otros. Recuerda, aun el Llanero Solitario contaba con un compañero, y él trabajaba con su compañero. Tu meta tiene que ser moralmente correcto y justo para todas las personas afectadas.

Número tres—pregúntate, *¿Esta meta me acercará o alejará más de mi objetivo principal?* Cada decisión que tomes debe ser contrapesado con cuánto más cerca te llevará a cumplir tu meta. Eso incluye cada compra que hagas también.

Un verano mi esposa y yo fuimos a Japón para visitar sus escuelas y fábricas. Luego nos paramos en Hong Kong para "contribuir a su economía local" y luego seguimos a Malasia donde llevé a cabo un seminario, luego seguimos viajando a Nueva Zelandia y Australia donde tuve seis seminarios.

¿Esta meta me acercará o alejará más de mi objetivo principal?

Antes del viaje, nuestro hijo quien en aquel entonces estaba cursando su último año de la universidad, pero que se graduaría antes de que hiciéramos el viaje, nos dijo que le gustaría acompañarnos. Le dije, —Pues bien, hijo, ¿te has hecho las dos preguntas? ¿Te has preguntado si es moralmente correcto y justo para todas las personas afectadas?

—Como tú tendrías que pagar por el viaje, Papá, esa es una pregunta que tú vas a tener que contestar.

—Eso me parece justo. Ahora mi pregunta número dos. ¿Me acercará o alejará más de mi objetivo principal en la vida?

El objetivo principal de mi hijo era llegar a ser un jugador de golf profesional. Creemos que tiene la habilidad. Su entrenador profesional también lo cree. Yo creo que tiene el temperamento. Pero sigue siendo un paso grande, y las probabilidades son prohibitivas, pero ese es su objetivo principal. Así que agregué, "¿Te acercará o alejará más de tu objetivo principal al tomar en cuenta que no podrás ir a un campo de golf para practicar por un mes entero, lo cual atrasará tu carrera?"

Él dijo, —No creo que iré.

Nosotros de todas maneras no pensábamos llevarlo, pero fue mucho mejor que él tomara la decisión por sí mismo en vez de que yo le dijera, "No, no puedes ir". Él se siente mucho más feliz con el resultado porque él tomó la decisión.

La cuarta pregunta: *¿Puedo yo comprometerme emocionalmente a iniciar y terminar este proyecto?* Amigo, a menos que te involucres emocionalmente con tu proyecto o meta, nada en verdad va a suceder. No somos personas lógicas; somos personas emocionales. Tenemos que considerar seriamente si podemos o no comprometernos emocionalmente para principiar y terminar cada proyecto que nos llevará a cumplir nuestra meta.

Y la última pregunta: *¿Puedo verme alcanzando esta meta?* Cuando mi meta era perder peso, yo tenía una foto de un hombre en shorts deportivos colgado en mi espejo. Miré esa foto unas diez mil veces durante esos diez meses. Cada vez que entraba al baño, él estaba allí. Tenía una clara visión de exactamente cómo me quería ver. Ahora, eso es importante: *Necesitas poder visualizar.*

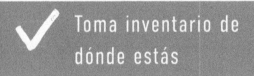

Toma inventario de dónde estás

9. ESCOGE CUATRO PRINCIPALES

El noveno paso en el proceso es descarta de tu lista hasta que solo queden cuatro metas de lo que quieres hacer, ser y tener. La mayoría de las personas solo pueden dar su esfuerzo completo a unas cuatro metas al mismo tiempo. Posiblemente todavía tengas diez o quince cosas diferentes en tu lista, pero necesitas enfocarte en no más de cuatro. Revisa cuidadosamente la lista nuevamente. Posiblemente haya una que en realidad no puedes iniciar ahora. Posiblemente haya otra que no es tan importante como otra. Sigue trabajando la lista hasta que llegues a siete u ocho.

Ahora, aquí es la manera de trabajar la lista para que quede en solo cuatro.

Cuando estás en el proceso, primero tienes que tomar inventario de dónde estás. Por ejemplo, el jueves por la tarde a las 5:20, cuando me subo a un avión que va a St. Louis, si el capitán del avión cree que estamos en Houston, yo no voy a llegar a St. Louis. El piloto necesita saber que estamos en Dallas, Texas, si los pasajeros van a llegar a St. Louis. De la misma manera, necesitas saber dónde estás si vas a alcanzar tu objetivo. Necesitas trabajar por todo el proceso.

Lo que sigue en el proceso, el paso dos, es escribir la meta. Ahora, voy a compartir el proceso exacto por el cual yo pasé cuando tenía que bajar de peso, lo cual compartí en el capítulo anterior. Primero identifiqué mi meta, que era pesar 165 libras y tener una cintura de 34 pulgadas. El 1 de julio de 1974 era la fecha en que esperaba cumplir ese objetivo. La identifiqué y anoté. Normalmente no puedes dedicar el tiempo a muchas de tus metas hasta que hayas pasado por todo el proceso. Yo solo puse la fecha hasta después de haber pasado por el proceso, pero ese era el objetivo que tenía.

Paso tres, ¿Cuáles son los *beneficios* de alcanzar esta meta? Una de las razones principales por las cuales las personas no pueden dejar de fumar o beber, o perder peso o cualquier cosa que quieren lograr es porque ponen énfasis en lo negativo. La cosa más importante que puedes hacer en este proceso de establecer metas es dar énfasis a: "¿De qué manera me beneficia?" Esto puede sonar egoísta, pero estás trabajando para tu meta. Y recuerda, has hecho la pregunta correcta anteriormente—¿es moralmente correcto y justo para todas las personas afectadas? Así que no es cuestión de que estés buscando tu propio bien para el detrimento de los demás.

¿Cuáles eran mis beneficios al perder peso? Para comenzar, las probabilidades son altas de que me voy a ver mucho mejor. El segundo beneficio, viviré más tiempo. El tercer beneficio, tendré más energía y me sentiré mejor. El cuarto beneficio, sin duda me enfermaré menos. Hablando ahora de lo que sucedió, esos beneficios resultaron ser ciertos en un 100 por ciento. Salvo por el hecho de que tuve un par de cirugías, que no tuvieron nada que ver con mi dieta y ejercicio, por quince años no he perdido ni un día de trabajo. Cuando cuidas tu salud física, cosas buenas van a suceder que favorecen tus mejores intereses.

Paso cuatro: ¿Cuáles son los *obstáculos y montañas* que tengo que escalar para alcanzar esta meta? ¿Qué tengo que hacer para perder este peso? Pues, yo siempre había estado en una dieta de comerme lo que tenía a la vista. Cuando salía la luz, yo empezaba a comer. No había alimento que yo no disfrutaba—hice amistad con toda clase de comida. Las únicas cosas que no me gustan son las aceitunas verdes, anchoas, el queso con pimentón y el caviar. Y yo podía comerme una comida muy balanceada sin ninguno de esos ingredientes, te aseguro.

Así que, ¿cuáles eran mis obstáculos? Un obstáculo era que me gusta la comida. Otro obstáculo es que mi horario es muy irregular y me gusta comer fuera de horas. Cuando presento un seminario de tres o cuatro horas, quemo mucha energía. Cuando termino un seminario, en realidad quiero una comida grande, pero solo me como una fruta. Tuve que tratar con los obstáculos delante de mí: esos eran dos de ellos. Otro obstáculo era mi tendencia de comer demasiado rápidamente.

Paso cinco: ¿Qué otras *habilidades o conocimiento* se requiere para alcanzar esta meta de perder peso? En realidad, todo lo que yo necesitaba conocer trataba con dieta y ejercicio. Solo necesitaba conocer esas dos cosas, así que eso fue lo que anoté— dieta y ejercicio.

> Muchas veces necesitamos a alguien que trabaje con nosotros y nos enseñe.

Paso seis: ¿Quiénes son los individuos, grupos, compañías y organizaciones *con quienes debo trabajar para alcanzar esta meta?* En primer lugar, yo tenía que trabajar con mi esposa. Yo tenía que coordinar mis alimentos y mi horario para correr para que encajara dentro del plan familiar. Segundo, tenía que trabajar con mi asistente administrativa como ella es la que programa mis actividades. Con frecuencia me invitan a cenas cuando presento seminarios, y solo acepto si tengo tiempo entre el seminario y la cena para salir a correr.

Ahora, cuando empiezas a hablar acerca de personas que trabajan contigo para alcanzar tu meta, permíteme recordarte que alguien le enseñó a Albert Einstein que dos más dos igualan a cuatro. También permíteme recordarte que alguien le enseñó a Joe Lewis cómo levantar la guardia. Alguien le enseñó a Mozart la escala. Alguien le enseñó a Sir Edmund Hillary cómo subirse a la colina antes de que él pudiera escalar el Monte Everest. Muchas veces necesitamos a alguien que trabaje con nosotros y nos enseñe.

Paso siete: ¿Cuál es mi *plan de acción* para alcanzar esta meta? Éste es el paso que en verdad llega el meollo del asunto. Es aquí donde vemos si en realidad queremos en serio alcanzar esta meta. ¿Cuál fue mi plan de acción? Primero, decidí, porque me encantan el pan y los postres, que no los iba a eliminar totalmente de mi dieta. Así que me convertí en alguien que se comía un postre una vez a la semana. Cada domingo después de ir a la iglesia me iba directamente a la nevería Braums para conseguirme un helado de chocolate francés con almendras.

Ahora, como probablemente sepas, algunos empleados sirven bolas de helado más grandes que otros. Así que yo me esperaba en la fila hasta que tocara uno que servía bolas muy grandes, y le decía, "Quiero dos bolas de ese delicioso helado de chocolate francés con almendras". Apenas me podía esperar los domingos por la tarde para ir a la nevería. Ese era parte de mi plan de acción.

La otra parte de mi plan de acción era viajar con una toronja. No es el mejor acompañante que puedas encontrar, pero descubrí que una toronja grande solo cuenta con unas 110 calorías. Comérmela podía satisfacer algo mi apetito y me podía acostar razonablemente satisfecho.

La tercera parte de mi plan de acción era recostar mi tenedor sobre mi plato después de cada bocadillo. Levantaba mi tenedor y tomaba una porción generosa, la colocaba en mi boca, y luego volvía a poner el tenedor en mi plato. Yo me obligaba a pensar acerca de cada bocadillo que ingería. Esto desaceleró mi proceso de comer dramáticamente. Luego, tan pronto que terminaba de comer, iba al baño y me lavaba los dientes, señalándome que la comida ya había terminado.

Otro plan de acción que tenía era eliminar el pan y los postres de las comidas que me proporcionaban cuando viajaba en avión. En aquel entonces yo estaba comiendo alrededor de seis veces a la semana en un avión. Cuando me traían la bandeja con el platillo, el pan y el postre, yo inmediatamente le devolvía a la azafata el pan y el postre. Problema resuelto.

TODO ESTÁ EN LOS DETALLES

Puede que pienses que son demasiados detalles y que no estás seguro de si quieres conocer tanto de mi plan de acción, pero permíteme decirte, cuando pasas por todo el proceso y comienzas a desarrollar tu plan de acción, descubrirás que algunas metas necesitan ese nivel de detalle—y que otras metas simplemente no son prácticas para ti por ahora. ¿No tiene más sentido eliminar una meta después de trabajar en ella por una hora y media que luchar con ella por seis meses y luego dejarla a un lado, lleno de frustración?

Una meta bien establecida se ha alcanzado al punto medio.

Quiero llevarte a enfocarte en lo qué es importante que trabajes *en este momento* que te permitirá alcanzar tus objetivos. Entonces los detalles son absolutamente críticos.

Te puedo mirar directamente a los ojos y decirte que desde el 1 de diciembre de 1986, con excepción de tres días el junio pasado y un día el febrero pasado, he trabajado en mis metas cada día. Te puedo decir dónde he estado, qué he estado haciendo, sobre qué he estado trabajando, y qué he logrado.

Siempre he sido bastante consciente en cuanto a mis metas; trabajando para lograrlas por años. Y te puedo decir sin ninguna reserva mental, que cuando comiences a hacerlo de esta manera, cuando cada noche tomes ciertos pasos, una vez que hayas establecido esas metas, te puedo decir que puedes lograr dramáticamente más de lo que has estado logrando en el pasado.

Recuerda, amigo, una meta bien establecida se ha alcanzado al punto medio.

ENTRE LOS
POSTES DE META

1. ¿Has escrito— sobre papel, no tu computadora o iPad—todo lo que quieres ser, hacer o tener? Si no, hazlo ahora, aquí:

_____

_____

_____

_____

_____

_____

_____

_____

_____

2. Ahora pregúntate **"por qué"** enumeraste esas metas específicas. ¿Son caprichos o deseos sinceros que mejorarán tu
   vida? Escribe junto a cada una, C para Capricho o D para
   Deseo.

3. Ahora necesitas eliminar algunas metas después de pre-
   guntarte lo siguiente acerca de cada uno:

- ¿Alcanzar esta meta me hará más feliz?

- ¿Alcanzar esta meta me hará más sano?

- ¿Alcanzar esta meta me hará más próspero?

- ¿Alcanzar esta meta me hará más seguro?

- ¿Alcanzar esta meta me dará más amigos?

- ¿Alcanzar esta meta me traerá paz mental?

- Y si tienes familia, ¿alcanzar esta meta mejorará mis
  relaciones familiares?

Tacha las metas con lápiz, como posiblemente desearás volver a
considerar estas metas más adelante en tu vida.

4. Enumera tus metas a largo alcance y tus metas continuas de acuerdo con la descripción de cada una en el capítulo.

_____

_____

_____

_____

_____

5. En cuanto a las metas que quedan, hazte las siguientes cinco preguntas"

- ¿Es ésta realmente **mi** meta?

- ¿Es esta meta moralmente correcta y justa para todas las personas afectadas?

- ¿Esta meta me acercará o alejará más de mi objetivo principal?

- ¿Puedo comprometerme emocionalmente a principiar y terminar este proyecto?

- ¿Me puedo visualizar alcanzando esta meta?

6. Al considerar todos los pasos tomados para enumerar y eliminar tus metas, escoge cuatro metas que crees que puedes y quieres lograr:

1) _____

2) _____

3) _____

4) _____

Ahora escribe las respuestas a estas preguntas para cada una de las cuatro metas:

- ¿Qué beneficios obtendré?

  _____

- ¿Cuáles son los obstáculos?

  _____

- ¿Qué habilidades o conocimiento necesito?

  _____

- ¿Quién más debe estar involucrado?

  _____

- ¿Cuál es mi plan de acción?

  _____

TUS IDEAS LOCAS

_____

_____

_____

_____

_____

_____

_____

_____

_____

_____

_____

_____

_____

_____

_____

_____

CAPÍTULO 3

FÓRMULA DE DÍA POR DÍA

Una persona con un compromiso vale más que cien que solo tienen un interés. —**Mary Crawley**

DESPUÉS de que hayas *establecido* tus metas, existe una fórmula que puedes usar para *alcanzar* tus metas. Este capítulo te da maneras en que puedes acercarte más y más a tus metas—día por día. Para comenzar, estoy convencido de que las personas que hacen compromisos para alcanzar sus metas son las personas que las van a alcanzar.

> Las personas que se comprometen a alcanzar sus metas son quienes las van a alcanzar.

PASO 1: COMPROMISO

Hace algunos años, un joven entrenador de fútbol americano de la Universidad de Carolina del Sur fue despedido después de su primera temporada en su primer empleo. No solo le dijo el entrenador principal que, "Ya no hay nada más para ti aquí," sino que también le aconsejó que dejara la carrera como entrenador y le dijo al joven, "Tenemos que enfrentarlo; simplemente no estás hecho para esto".

Pero el joven había establecido su meta: Había hecho un compromiso. Había dicho, "Algún día voy a entrenar en la Universidad de Notre Dame". La Universidad el Estado de Ohio le dio una oportunidad, y fue asistente allí por un par de años. Luego William and Mary College le habló y allí trabajó como el entrenador principal. La Universidad de Carolina del Norte lo contrató y estuvo allí por cuatro años y tuvieron su mejor récord que habían tenido en su existencia, con su sola pérdida.

De allí se fue a trabajar para el equipo profesional los Jets de Nueva York por una temporada, pero él extrañaba mucho entrenar a jóvenes universitarios y ayudarles a moldear su carácter. La Universidad de Arkansas lo contrató y tuvo una carrera sumamente exitosa allí. Obtuvieron el mejor récord de una sola pérdida que jamás habían tenido. Antes de llevar al equipo a jugar con la Universidad de Oklahoma en el Tazón de Naranjas, los medios especularon que Oklahoma era un equipo demasiado poderoso y que el equipo de Arkansas se las llevaba de perder. Para complicar el problema, tres de los jugadores ofensivos, todos los ofensivos del equipo de Arkansas, habían sido encontrados con una mujer en su habitación. Hubo una investigación y descubrieron que todo era cierto y el entrenador inmediatamente despidió a los tres jugadores,

Los medios otra vez especularon que lo mejor sería que él rechazara la invitación al Tazón de Naranjas y así permitir que alguien más aceptara la invitación—un equipo que sería un oponente más merecedor del equipo de Oklahoma. Pero el entrenador era un hombre comprometido. Miró al equipo que le sobraba y no se preocupó acerca de lo que no tenía. Él acentuó lo positivo y desarrolló un plan seguro para el juego. El resto es historia—Arkansas ganó un juego por un amplio margen.

Él dejó la Universidad de Arkansas y llegó a ser el entrenador principal de la Universidad de Minnesota. Cuando aceptó el contrato de Minnesota, dijo que lo aceptaría pero bajo la provisión de que le permitirían salirse de su contrato si ocurría una de las siguientes dos condiciones: si lograba llevar al equipo de Minnesota a un juego de tazón dentro de dos años o si la Universidad de Notre Dame quería contratarlo para ser su entrenador principal. Ya nuevamente estaba estableciendo metas. Pues, dentro de dos años la Universidad de Minnesota recibió la invitación de jugar en un juego de tazón y la Universidad de Notre Dame le pidió que fuera su entrenador principal.

Ahora, la cosa interesante es ésta: El liderazgo de Notre Dame supieron que este entrenador era alguien que ellos querían desde el día que él despidió a esos tres jugadores de su equipo cuando estaba en la Universidad de Arkansas varios años atrás. Habían tomado su decisión el día que eso ocurrió, diciendo, "Aquí está un hombre que está interesado en formar carácter y desarrollar líderes. Éste es el hombre que queremos que sea nuestro entrenador. La próxima vez que necesitemos un nuevo entrenador principal en la Universidad de Notre Dame, lo estaremos llamando. Es obvio que estoy hablando acerca de Lou Holtz.

El hecho es que yo conozco a Lou bastante bien. Él dijo que nunca hubo una duda en su mente de que debía despedir a esos jugadores. Era lo correcto. Lo que estoy diciendo es que, *cuando tienes una base sólida con un compromiso sólido y objetivos sólidos,* tienes muchas más posibilidades de alcanzar tus metas. Pero requiere compromiso.

 Cuando tienes una base sólida con un compromiso sólido y objetivos sólidos, tienes muchas más posibilidades de alcanzar tus metas.

1. MI COMPROMISO

Cuando escribí el libro, *Nos veremos en la cumbre,* las primeras palabras que escribí, como mencioné previamente, fueron, "Puedes ir adonde quieras ir. Puedes hacer lo que quieras hacer. Puedes ser como quieres ser". Cuando trabajé en el segmento acerca de metas en el libro, escribí que yo pesaba 165 libras y que tenía una cintura de 34 pulgadas. El momento que escribí eso, la verdad era que yo pesaba más de 200 libras y tenía una cintura de

41 pulgadas. Yo me había hecho el compromiso de bajar el peso y puse en letras impresas que lo haría.

No solo eso, sino que cuando había terminado el primer resumen del libro y había escrito los títulos del libro y un poco del contenido, lo envié a tres casas editoriales importantes, sabiendo que sin duda les emocionaría mucho recibir esta propuesta de manuscrito escrito por un autor desconocido. Yo sabía que en realidad esas tres casas editoriales pelearían entre sí, cada una tratando de darme la mejor oferta para tener el honor de publicar mi libro. Ya se imaginan mi conmoción, pena y desilusión cuando recibí cartas de las tres editoriales en las que me decían que no creían que mi libro se iba a vender.

Pues, ahora yo estaba mejor enterado. Pero es una cosa que yo le diga al jefe editorial, "¿Qué le parece si publica mi libro y si se vende, no me tienen que pagar regalías ...y si no se vende, pues, lo lamento mucho"? Es una cosa que yo logre que inviertan su dinero; pero la pregunta era, ¿realmente creía yo la filosofía que había estado compartiendo por todo el país? ¿Realmente creía que el libro se iba a vender? Tenía que tomar una decisión.

Decidí publicar el libro por mi propia cuenta. Un amigo me dijo que si yo vendía 25,000 ejemplares, tendría un libro de mejor venta. El prospecto me parecía enormemente atractivo. Decidí imprimir 25,000 ejemplares. No sé si conoces algo acerca de publicar libros, pero permíteme decirte dos verdades: Primero, el primer ejemplar te costará más que los próximos 24,999 ejemplares. La segunda cosa es que esos otros 24,999 cuestan mucho dinero, especialmente si no lo tienes. Decidí, sin embargo, que yo firmemente creía que el libro se vendería. Decidí seguir adelante y publicar el libro. Eso es compromiso.

¿Puedes imaginarme con un almacén lleno de libros que decían que yo pesaba 165 libras y que me presentara pesando 202? Yo seguiría teniendo un almacén lleno de libros. Permíteme decirte cómo es la naturaleza humana. Si te miento una vez acerca de una sola cosa, de ahí en adelante vas a dudar de cada cosa que yo te diga. De la misma manera, si tú me mientes una sola vez acerca de una cosa y que yo sé que es una mentira intencional, yo dudaré de cada cosa que me digas en adelante. Si yo no perdía el peso, yo bien me podía imaginar a muchas personas leyendo el libro donde yo decía que pesaba 165 libras, pero luego me verían y verían mis 202 libras. Yo no tenía duda alguna que entonces todos se preguntarían cuáles otras mentiras había contado. Así que perdí el peso, cumpliendo así mi compromiso.

Amigo, te tienes que comprometer a cumplir tu meta si esperas alcanzar la meta.

PASO 2: RESPONSABILIDAD

El segundo paso es guardar un registro diario de responsabilidad personal muy detallado. Lo puedo decir de cuatro mil maneras diferentes, pero la conclusión es que a menos te disciplines a diario de guardar un registro de lo que haces, las probabilidades son muy fuertes de que no alcanzarás tus metas. Simplemente perderás de vista lo que dices que es extremadamente importante para ti. Cada noche es cuando debes escribir tus planes para el siguiente día.

Peter Drucker hizo una observación acerca del manejo del tiempo y condujo presentaciones tituladas, "Conozca vuestro tiempo". Él dijo, "El tiempo es el recurso más escaso, y a menos que se administre, no se puede administrar nada más". Y, "Si quieres mejorar cómo manejas el tiempo, ¡deja de hacer lo que no se necesita hacer!"

Ahora, recuerda, solo estás trabajando en cuatro a seis metas en tu lista. Así que una vez a la semana necesitas mirar esas metas y decidir cuáles vas a trabajar esa semana. Durante el curso de la semana en mi planificador de rendimiento, si no hago nada todo ese día para esa meta, escribo "nada" en tinta roja. Al final de la semana, echo un vistazo rápido e instantáneamente sé que estoy encaminado a tener problemas. Si no lo hago un día, no es gran cosa. Si no lo logro dos días, posiblemente necesite comenzar a explorar, porque voy a tener problemas. Toma en serio todos los días esta tarea diaria de responsabilidad personal. Solo te tardará diez minutos cada noche.

Si vas a alcanzar tus metas, necesitas empezar con un fundamento sólido, que consiste en honestidad, carácter, integridad, lealtad, fe y confianza.

PASO 3: FUNDAMENTO SÓLIDO

Si vas a alcanzar tus metas, tienes que empezar con un fundamento sólido, que consiste en honestidad, carácter, integridad, lealtad, confianza, amor y fe. Cuando yo estaba en Calgary, Canadá, tuve la oportunidad de ir a Calgary Tower para cenar. Cuando entré al elevador, se emitió una grabación que decía que la torre medía 626 pies (casi 191 metros). Yo solo lo podía visualizar al pensar en dos campos de fútbol americano y luego agregarle 26 pies (8 m) más. Me podía identificar con eso, así que esa era la imagen que tenía en mi mente. Luego la grabación dijo que la estructura pesa 13,000 toneladas y que 7,000 de esas toneladas están bajo tierra. Cuando tienes un fundamento como ese, puedes levantar algo 626 pies en el aire o aun más.

En cualquier ciudad del mundo, un buen ingeniero puede mirar un hoyo escavado en la tierra y decirte qué tan amplio, alto y ancho será el futuro edificio—simplemente al mirar la clase de fundamento que va a tener.

No me importa si tu futuro está en los deportes, el entretenimiento, la música, las ventas, la educación, las leyes o la medicina. No hace ninguna diferencia qué es tu futuro y cuáles son tus metas. Pero esto te puedo decir con certeza; si tienes un fundamento sólido sobre el cual edificar, las probabilidades se incrementan dramáticamente de que alcanzarás tus metas. Estos principios funcionan para una nación, familia, individuos y empresas. Tienes que tener un fundamento sólido.

Mortimer Feinberg, PhD, escribió un libro titulado *Corporate Bigamy* (Bigamia Corporativa). En su libro, cuenta que entrevistó a cien Directores Ejecutivos más destacados entre las compañías de Fortune 500—una lista anual que clasifica a las 500 corporaciones más grandes de los Estados Unidos según sus ingresos totales. El Dr. Feinberg hizo la pregunta, "¿Qué es necesario para llegar a la cumbre en su carrera y permanecer allí?" Y el consenso fue: Tienes que formar una carrera exitosa basada en la honestidad y carácter e integridad y motivación. Lo resumieron diciendo que cualquier persona deshonesta que cree que puede llegar a la cumbre y permanecer allí es un tonto. No se puede decir esto de manera más fuerte.

Y, sin embargo, más del 70 por ciento de los hombres de negocio en los programas de la televisión—son menos duros con las mujeres—son representados como estafadores y/o maleantes—lo opuesto a la realidad de la vida.

PASO 4: VOCABULARIO

Si quieres alcanzar tus metas, necesitas cambiar tu vocabulario de negativo a positivo. ¿Recuerdas cuando ese reloj de la oportunidad sonaba cada mañana a las 5:30 y yo me levantaba a correr? Muchas personas me han preguntado, "Durante ese tiempo, ¿realmente disfrutabas de levantarte y correr tanto?" Te voy a decir que absolutamente lo aborrecía.

Me estiraba para apagar ese despertador y permanecía acostado por unos momentos pensando, *Ziglar, ¿qué está haciendo un gordito de cuarenta y seis años como tú al levantarse y correr por todo el vecindario?* Luego miraba mi cintura de 41 pulgadas y pensaba, *¿En realidad quieres verte como te ves, o te quieres parecer a ese tipo en los shorts deportivos?* Pues, no me quería parecer a mí, así que lentamente me bajaba de la cama sintiéndome como mártir. Me ponía ese traje deportivo elegante, me dirigía a la puerta principal, y luego salía y comenzaba a correr. Pero durante todo el camino, me quejaba, *¿Qué estoy haciendo? ¿Estoy tratando de matarme? Pero yo dije que lo iba a hacer ... así que lo voy a hacer.*

> ## Si quieres alcanzar tus metas, tienes que cambiar tu vocabulario de negativo a positivo.

Oh, y no creas ni por un minuto que yo no les contaba a personas alrededor del todo el país acerca del sacrificio que estaba haciendo. Cómo me levantaba en la mañana para hacer esta cosa porque estaba comprometido a hacerlo—y si estoy comprometido a hacerlo, lo voy a hacer. Si lo dije una vez, lo he dicho miles de veces, levantaba mi voz en alto y decía, "¡Tienes que pagar el precio!" Puras tonterías.

La realidad me golpeó un bello día de primavera en Portland, Oregon, con el clima de 78 grados (Fahrenheit), mientras corría en el campus de la Universidad Portland State. De repente me di cuenta del hecho de que yo estaba respirando con mucha facilidad y que el suelo bajo mis pies fluía suavemente.

Y ese día, amigo, fue la primera vez que comprendí que no *pagas* el precio por la buena salud, *disfrutas de los beneficios de* la buena salud. No *pagas* el precio del éxito, pagas el precio del fracaso—*disfrutas de los beneficios del éxito*. No *pagas* el precio por un buen matrimonio, pagas el precio por un mal matrimonio—*disfrutas de los beneficios de un buen matrimonio*.

Si de verdad quieres alcanzar tus metas, necesitas cambiar tu vocabulario de negativo a positivo. En verdad lo tienes que hacer.

> No pagas el precio por la buena salud, **disfrutas los beneficios de la buena salud**. No pagas el precio del éxito, pagas el precio del fracaso—**disfrutas los beneficios del éxito**.

PASO 5: BOCADOS PEQUEÑOS

Si de verdad quieres alcanzar tu meta, divide la travesía en pequeños bocados. Cuando yo estaba escribiendo el libro y perdiendo peso, el médico me dijo que perdiera treinta y siete libras, peo no me dijo cuánto tiempo me debía tardar en lograrlo. Yo estaba escribiendo el libro en entonces, y concluí, basado en lo que yo ya había hecho, que me tardaría diez meses para escribir el libro. Así que pensé, *Pues si me voy a tardar 10 meses para escribir el libro, simplemente bajaré de peso mientras escribo. Lo dividiré y perderé tres libras y siete décimos por mes.* Recuerda, tienes que visualizar que ya has logrado tu meta. Tienes que comprometerte emocionalmente a ello—visualizar y creer que puedes llegar.

Yo sabía que podía perder tres libras y siete décimos al mes. Eso no es siquiera una libra por semana. Así que yo estaba total y completamente 100 por ciento confiado de que lo podría lograr. Estaba tan confiado que ni siquiera me di la molestia de empezar por veintinueve días.

¿Conoces a alguien que decide las cosas a medias o siempre dice "lo voy a hacer?" Son las personas que van a hacer eso y han decidido a medias hacer eso. Pero invariablemente son quienes terminan nunca haciendo nada. Siempre tienen pretextos tales como los hijos me mantienen demasiado ocupado, es la temporada navideña, es la temporada de fútbol, el clima es demasiado malo o bueno, la familia necesita de mi tiempo, es tiempo de vacaciones de verano, etc.

Amigo, si tienes que esperar hasta que tu tía se mude de tu casa o que tu cónyuge empiece a trabajar de día, o que las elecciones terminen, que el nuevo senador sea elegido, los intereses bajen, o la inflación baje, o el nuevo modelo de salga—si eres uno que espera hasta que suceda cambio "afuera" antes de tomar decisiones internamente o tomar acciones, estás perdiendo tiempo valioso. Empieza ahora mismo.

Después de malgastar esos veintinueve días, descubrí que si perdía siete décimas de pulgada cada mes y nueve décimas de onza al día, dentro de los diez meses bajaría el peso y tendría las medidas exactas. Y eso fue lo que ocurrió. Exactamente.

Volvamos a mi libro. *Nos Veremos en la Cubre* tiene 384 páginas, y, incluyendo las ediciones en otros idiomas y países, ha vendido más de dos millones de ejemplares como mencioné previamente. Escribí una hoja y cuarta al día todos los días por diez meses. Tomé bocados pequeños del proyecto cada día.

> Si eres uno que espera cambio "afuera" antes de tomar decisiones internamente o tomar acciones, estás malgastando tiempo valioso. Empieza ahora.

¿Cómo edificas un matrimonio magnífico? No se trata de la luna de miel, la gran Navidad, o las vacaciones caras. Se trata de los actos diarios de tiempo, respeto, afecto y cortesía que se muestran el uno al otro. Formas a hijos positivos en un mundo negativo con inyecciones diarias de amor y dirección y profundo interés. Formas una magnífica carrera, sin importar el campo, por medio de hacer las pequeñas cosas que cuentan y hacen una diferencia positiva. Se trata de tomar bocados pequeños que determinarán si alcanzas tu meta o no.

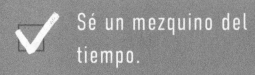

Sé un mezquino del tiempo.

Permíteme subrayar que lo que realmente estoy diciendo es simplemente ir en una dirección definida y organizar tu tiempo. Estoy sugiriendo que al seguir estos procedimientos, estarás tomando el control. Se ha dicho que el 90 por ciento de todas las personas independientes, particularmente en el mundo de ventas y organizaciones empresariales y medicina y derecho y tantas otras carreras, son dictadas por y sujetas a los caprichos de casi toda persona que va y viene, imponiendo el tiempo de los afectados, dándoles cosas que hacer. No saben cómo escaparse de estos malgastadores de su tiempo. Cuando tenemos dirección en nuestras vidas, tenemos el control de nuestras vidas. Tienes que convertirte en *un mezquino del tiempo.*

PASO 6: PONTE EN FORMA

Si quieres alcanzar tus metas, te tienes que poner en forma. Hay numerosos estudios que confirman que hay una correlación definitiva entre las personas más exitosas en los Estados Unidos entre lo físico, mental y espiritual y las personas que se cuidan físicamente.

Un amigo cercano, el doctor Forest Tennant, ha sido la autoridad número uno en cuanto a las drogas en este país.

Cuando Howard Hughes y Elvis Presley murieron, enviaron las autopsias al Dr. Tennant. Tiene el personal investigativo más grande, y es consultante para el NFL, NASCAR, los Dodgers de Los Ángeles, el Departamento de Justicia, etc., El Dr. Tennant trata el nivel más alto de la escalera corporativa.

Él dice que los Directores Ejecutivos casi nunca fuman cigarros, beben licor o se involucran con drogas. No solo eso, sino que un estudio reveló que sus intereses en los aspectos espirituales de la vida son considerablemente más altos que la población general también. Además de eso, estas personas exitosas están comprometidas con lo que están haciendo, así que no tienen tiempo para cosas insensatas y prefieren pasar el tiempo con sus familias.

Necesitamos ponernos en forma físicamente; necesitamos ponernos en forma mentalmente, y necesitamos ponernos en forma espiritualmente—todos están tan íntimamente relacionados. Yo soy en cierto sentido un fanático en cuanto al acondicionamiento físico porque ha hecho una diferencia dramática en mi vida. Mi nivel de energía es tanto más alto; puedo hacer cosas a la edad de sesenta y uno que no podía hacer cuando tenía veinticinco. Lo que estoy diciendo es que dentro de ti existe increíble potencial—física, mental y espiritualmente.

No es fácil, pero cuando eres exigente contigo mismo, la vida va a ser infinitamente más fácil para ti.

PASO 7: MANEJA LA DESILUSIÓN

Si en verdad quieres alcanzar tus metas, tienes que saber cómo responder a la desilusión. En el otoño de 1987, la Universidad de Notre Dame estaba jugando contra la Universidad Penn State. Estaban en el cuarto parcial del encuentro y Penn State estaba ganando. Notre Dame se dirigía hacia la zona final. Yo admiraba mucho al entrenador de Penn State, pero Lou Holtz de Notre Dame es mi buen amigo.

No es lo que nos pasa, es cómo manejamos lo que nos pasa lo que hace la diferencia.

Yo le iba a Notre Dame y se adelantaron hasta llegar al final del campo. Faltaba un minuto en el juego. El ala cerrada de Notre Dame logró entrar libremente a la zona final. El mariscal de campo le lanzó la pelota, la cual le llegó directamente a las manos. Él toma la pelota y en ese momento Notre Dame gana. Pero entonces se le cae la pelota, y Penn State gana. Se le cayó la pelota. Diez de los once jugadores en el equipo de Notre Dame hicieron todo lo que debían de hacer. Uno de ellos dejó caer la pelota.

Será muy interesante ver qué le ocurre en la vida al joven que dejó caer la pelota y al mariscal de campo. Conozco bien a Lou

Holz, y porque es un hombre lleno de sabiduría y compasión, y porque es muy hábil en cuanto a las relaciones humanas y la justicia natural, yo me imagino que hace mucho tiempo él pudo ayudar a ese joven a dejar atrás esa mala movida.

Cuento esta historia primordialmente por una razón. Va a haber aquellas ocasiones en la vida en que haces todo lo que debes hacer—y alguien más va a dejar caer la pelota. Esa es parte de la vida. Pero, *no es lo que nos sucede, sino cómo manejamos lo que nos sucede, lo que hace la diferencia.*

La motivación sigue a la acción ✔

PASO 8: DISCIPLINA

Si quieres alcanzar tus metas, *tienes que disciplinarte.* Una de las cosas más difíciles que harás en la vida es lo que ahora voy a sugerir. Cuando te levantes por la mañana necesitas tomar tu planificador de metas, planificador de rendimiento o lo que estés usando y colocarlo debajo de tu almohada. Esa noche cuando te prepares para acostarte, no te puedes dormir hasta que hayas pasado diez minutos registrando tus actividades del día y planeando seis cosas en las cuales vas a trabajar mañana. Necesitas disciplinarte para hacer eso.

Muchas personas dicen, "Haré lo que me siento motivado a hacer". Pero la *motivación sigue a la acción*. La motivación, incidentalmente, también crea energía. El Dr. Tennant dice que cuando corres, activas la glándula pituitaria. Luego la glándula pituitaria sumerge al sistema con endorfinas, y ese puede ser uno de los eventos más emocionantes de tu día. Disciplínate a ponerte en forma en todos los aspectos de tu vida.

PASO 9: DIRECCIÓN

Traté con esto un poco anteriormente. ¿Qué haces cuando surgen obstáculos? Cambia tu dirección para alcanzar tu objetivo—pero no cambies tu decisión de llegar.

PASO 10: COMPARTE TUS METAS

Necesitas compartir ciertas metas y no compartir otras metas. A través de los años me han hecho una pregunta más que cualquier otra, "¿Con quién debo compartir mis metas?

Hay una regla básica que no está grabada en piedra, pero que creo que es muy válida: comparte tus metas que tienen que ver con llegar a niveles más altos con mucho cuidado. Si quieres ser el mariscal de campo principal, el vendedor número uno, un autor, un compositor de música—comparte tu meta solo con aquellas personas que puedes saber con toda seguridad que te animarán a alcanzar esas metas.

Por ejemplo, si dos vendedores, John y Paula, representan a la misma compañía y el mismo producto, y John le dice a Paula, "¡Yo voy a ser el número uno este año! ¡Voy a vender más que cualquier otro!" Pues, Paula no va a apoyar a John en esa meta porque ella también quiere ser número uno. Pero si John comparte su meta con el gerente de ventas, el gerente le va a dar la clase de estímulo que John en verdad necesita. Ten mucho cuidado en cuanto a con quiénes compartes tus metas de ascenso. Compártelos solo con las personas que te darán el ánimo que necesitas.

Por el otro lado, puedes cambiar tus metas de "dejar algo" con todos. Esta clase de metas con las cosas que quieres dejar de hacer, como fumar, beber, comer de más, perder la calma, ser descortés, etc. Es una meta de dejar algo, que tiene que ver con la superación personal. Ponte en el punto de mira y pide ayuda. Contar con otros que te ayuden a cumplir tus metas de dejar algo puede ser beneficioso—como alguien que está colaborando en equipo contigo.

> Ten cuidado con quienes compartes tus metas de ascenso. Compártelas solo con personas que te darán el estímulo que necesitas.

PASO 11: JUGADOR DE EQUIPO

Para alcanzar tus metas, tienes que convertirte en un jugador de equipo. ¿Alguna vez has visto a los gansos canadienses volar en el cielo? Si observas cuidadosamente, te darás cuenta de tres cosas. Primero, vuelan en formación de V. Segundo, un lado de ese V es más largo que el otro. Y tercero, de cuando en cuando parece que hay algo de confusión en la bandada.

¿Te has dado cuenta de esas cosas? ¿Te has preguntado alguna vez por qué un lado de ese V es más largo que el otro? Obviamente, es porque un lado consiste en más gansos. La razón por qué vuelan en formación V, sin embargo, es porque, según algunas pruebas en un túnel de viento, la formación V permite a los gansos volar aproximadamente un 70 por ciento más lejos de lo que volarían de otra manera. Y la razón por la confusión es porque el ganso líder se cansa de estar luchando contra el viento. Consecuentemente, periódicamente el líder descansa, lo cual crea aparente confusión. Trabajan juntos para llegar a donde quieren llegar —un esfuerzo de equipo.

Previamente mencioné a Joe Paterno, el entrenador de fútbol americano de Penn State. Cuando él era el entrenador, era uno de los equipos más enfocados en el equipo mismo en el país. Si eres fanático del fútbol, probablemente te has dado cuenta de que los uniformes de Penn State no son los más elegantes entre las universidades. De hecho, podrías clasificarlos entre los más pobres. Joe Paterno es uno de los pocos entrenadores que no pone los nombres de sus jugadores en las camisetas del uniforme. Solo llevan los números. No buscan a la estrella sobresaliente—buscan a jugadores sobresalientes—dentro del concepto de equipo. En 1988 cuando Penn State jugó por el campeonato de 1987 contra la Universidad de Miami, jugaron contra Vinny Testaverde, un ganador del Trofeo Heisman y considerado, en aquel entonces, uno de los mejores jugadores a nivel universitario en los últimos cinco a diez años.

Pero Penn State, el equipo, les ganó a Testaverde y su equipo. Cuando Penn State, el equipo, jugó contra Herschel Walker y la Universidad de Georgia, Penn State, el equipo, les ganó a Herschel y la Universidad de Georgia. Ganan como un equipo. Quizá preguntes, "¿Qué les pasa a los individuos? ¿Sacrifican sus carreras a fin de ser jugadores de equipo?" La respuesta es no. Penn State tenía la tercera cantidad más grande de jugadores activos en la Liga Nacional de Fútbol entre las universidades en los Estados Unidos durante el tiempo que Paterno fuera entrenador. Ahora, ¿por qué será eso? Los scouts y sus equipos profesionales prefieren el talento sobresaliente que puede funcionar como un miembro del equipo más que una estrella que no está tan orientado hacia el equipo total.

Al poner a su equipo en primer lugar, terminan en primer lugar. Sigue siendo verdad—puedes tener todo en la vida que quieras si solo ayudas a suficientes personas a conseguir lo que ellos quieren.

Alcanzas tus metas al ser un jugador de equipo. Si estás casado, idealmente cuando tú y tu pareja se juntan y revisan sus planes y cooperan juntos, las probabilidades de que ambos alcancen individualmente sus metas se mejoran. La edición del 13 de enero de 1986 de la revista *U.S. News and World Report*, reportó acerca del millón de millonarios en los Estados Unidos en aquel tiempo. Algo intrigante fue descubierto. Por ejemplo, considerablemente menos del uno por ciento de todos los millonarios en los Estados Unidos habían ganado su dinero por medio del entretenimiento, la televisión, la música, los deportes y la radio combinados. El millonario típico había estado trabajando entre veinte y treinta años supliendo necesidades básicas de la vida—y el millonario típico seguía casado con su enamorada desde la preparatoria o la universidad. El *equipo* es tan importante.

 Los scouts y sus equipos profesionales prefieren el talento sobresaliente que puede funcionar como un miembro del equipo más que una estrella que no está tan orientado hacia su equipo.

PASO 12: ROMPE BARRERAS

Para alcanzar tus metas, tienes que saber cómo entrenar pulgas. Probablemente has escuchado acerca de las dos pulgas que estaban al pie de la colina y una dijo, "Bueno, ¿caminamos o encaminamos a un perro?" Me imagino que es medio tonto, pero nos lleva al hecho de que puedes entrenar a pulgas por medio de colocarlos en un frasco, tapar el frasco, y esas pulgas saltarán y golpearán contra la tapa una y otra y otra vez. Después de un tiempo, sin embargo, te darás cuenta de que aunque siguen saltando, ya no están golpeando la tapa. Ese es un hecho absoluto. Luego, puedes quitar la tapa y las pulgas seguirán saltando, pero no saltarán del frasco—se han condicionado a ya no saltar tan alto. Y una vez que se han condicionado a saltar solo hasta cierta altura—hasta allí se quedan las cosas.

Los humanos son exactamente iguales. Empiezan en la vida listos para escalar esa montaña, escribir el libro, romper el récord. En camino, golpean su cabeza o lastiman el dedo gordo de su pie, y se convierten en lo que llamamos *sinops* (deletreado SINOP). Éstas son personas *Susceptibles a la Influencia Negativa de Otras Personas.*

Un ejemplo clásico es la milla de cuatro minutos. Por años, los atletas habían dicho, "¡Voy a romper la barrera! Voy a correr una milla en cuatro minutos o menos". Se formaban en la línea y se alistaban para echarse a correr. Pero aun con sus pies en la línea, ellos sabían que nunca lo lograrían porque la voz del entrenador les sonaba en la cabeza, "Nunca lo vas a lograr. Posiblemente llegues al 4:02, posiblemente aun al 4:01, pero nadie logrará romper la barrera de los cuatro minutos". Luego las palabras del médico resonaban: "¿Una milla de cuatro minutos? El cuerpo humano no lo puede aguantar". Nadie rompió esa barrera hasta que llegó Roger Bannister.

Para comenzar, Roger Bannister era un atleta de lo más excelente. Segundo, tenía una actitud mental tremendamente positiva. Tercero, él personificaba a un establecedor de metas. Había medido sus pasos. Los había desglosado detalladamente. Él había tomado su tiempo para un cuarto de milla, media milla, tres cuartos de milla, y así sucesivamente. Estaba en la mejor condición física óptima. Y, era un jugador de equipo. Tenía a otros tres tipos que servían de marcapasos con él.

Se establecieron los planes y él corrió una milla en poco menos de cuatro minutos. Una de las fotografías clásicas de todos los tiempos muestra a Roger Bannister cruzar la línea mientras John Landy de Australia, quien había estado al frente, volteaba para ver dónde estaba Bannister —mientras Bannister lo estaba sobrepasando al otro lado. Hay muchas lecciones de ese evento— la diferencia entre ganar y salir en segundo lugar es muy pequeño. Número dos, no es muy buena idea mirar atrás cuando deberías estar mirando hacia adelante.

Desde que Bannister rompió la barrera, ha habido miles de corredores que han corrido una milla en menos de cuatro minutos. ¿La razón? Bannister estableció el camino. Cuando rompió la barrera, probó que no era una imposibilidad física; era una barrera sicológica que se había roto.

Un rompedor de barrera es alguien que es impulsado internamente—no influenciado por las negativas externas de la vida. Esa persona entiende que puedes tener todo lo que quieres en la vida si solo ayudas a suficientes otras personas a conseguir lo que ellas quieren. Los rompedores de barrera no les dicen a otras personas dónde deben terminar; les muestran cómo avanzar.

No tratan de ver a través de las personas, sino que ayudan a las personas a atravesar.

> Puedes tener todo lo que quieres en la vida si solo ayudas a suficientes personas a obtener lo que ellos quieren. ✓

PASO 13: VE EL FUTURO

Para alcanzar tus metas, necesitas verte alcanzarlas. Necesitas verte ya allí, y alcanzando tu objetivo. Como saben, yo pegué la foto de ese tipo en los shorts deportivos en el espejo de mi baño y yo me veía como una persona con ese peso. Igualmente, necesitas verte en tu nueva casa. Necesitas verte a ti y a tu cónyuge disfrutando de la relación que soñaron tener cuando todavía estaban saliendo de novios. En tu mente, necesitas ver a tus hijos crecer exitosamente y llegar a ser la clase de adultos que quieres que sean.

El jugador de basquetbol que es exitoso literalmente ve a la pelota pasar por la red aun antes de que él suelte la pelota. Jack Nicklaus dijo que su mayor tiempo de práctica en el campo de golf ocurría aun antes de que él llegara al campo de golf. Mientras volaba en su avión para llegar allí, mentalmente jugaba cada hoyo en el ojo de su mente. Veía a la pelota volar por la parte media del *fairway*. Vio a la pelota aterrizar suavemente en el césped. Vio a esa pelota entrar en el hoyo.

Hace muchos años, un joven marinero estaba en alta mar en un barco. Llegó un chubasco y le dijeron que necesitaba subir y recortar las velas. Mientras estaba allí, cometió el error de mirar hacia abajo y ver la turbulencia del mar combinado con el movimiento del barco; causó que sintiera nausea y comenzó a perder su equilibrio. Un marinero mayor desde abajo le gritó, "Mira hacia arriba, hijo; ¡mira hacia arriba!" El joven marinero miró hacia arriba e inmediatamente recuperó su equilibrio. El mensaje es muy claro— cuando lo que ves en tu derredor no es bueno, y suele suceder, intenta mirar hacia arriba; allí siempre es bueno.

Necesitas ver el alcance. Cuando alcances una de tus metas, inmediatamente necesitas establecer una nueva.

Fervientemente creo que las sugerencias en este libro harán una diferencia dramática en tu vida. No te he dicho ni una sola cosa que yo mismo no haya hecho. Cuando tuve el sueño de llegar a ser un orador, me visualizaba en mi imaginación hacer todo lo que has leído. Me veía en la plataforma. Veía a los públicos sentados allí con los ojos llenos de asombro que un simple mortal pudiera pronunciar palabras de sabiduría tan increíbles. En las conferencias que daba en mi mente, cuando contaba un chiste, el público no solo se reía, sino que hasta rodaban en los pasillos. En ocasiones cuando terminaba, se paraban y espontáneamente aplaudían por diez minutos. Era fenomenal. La cosa hermosa acerca de la imaginación es que puedes dejar que imagine cosas totalmente locas.

> Cuando lo que ves en tu derredor no es bueno, y suele suceder, intenta mirar hacia arriba; allí siempre es bueno.

Permíteme animarte a tener mucho cuidado de seguir las instrucciones exactas que he estado dando. Ten mucho cuidado de verte alcanzar la meta y de usar tu imaginación de esta manera. Ten la certeza absoluta de que verdaderamente quieres lograr esos objetivos—porque si lo haces, funciona. Te puedo decir que funciona. Estos principios y pasos para llevarte a alcanzar tus metas son muy sensatos. Cuando te aferras a estas ideas y sigues los procedimientos, sí lograrás tus metas.

ENTRE LOS POSTES DE META

Estableciste tus metas al final del capítulo 2; ahora, después de leer el Capítulo 3, conoces los pasos que tomar para lograr tus metas. En una escala de 1 (nada de interés) a 10 (mucho interés), ¿cuánto interés tienes en comprometerte seriamente a vivir los trece atributos que se requieren para alcanzar tus cuatro metas?

Compromiso ____   Disciplina ____

Responsabilidad personal ____   Dirección ____

Fundamento sólido ____   Compartir tus metas ____

Vocabulario ____   Jugador de Equipo ____

Bocados pequeños ____   Romper barreras ____

Ponerte en forma ____   Ver el futuro ____

Manejar la desilusión ____

CAPÍTULO 4

LOS DESEOS
DE TU VIDA

HACE algunos años, antes de que fuera demasiado peligroso hacerlo, de cuando en cuando yo levantaba a un autoestopista. Cierto día levanté a un joven cuando yo iba en camino a Pensacola, Florida, para dar una conferencia.

Hubo una etapa en mi vida cuando yo sentía una responsabilidad moral por tratar de entusiasmar, inspirar, motivar, estimular y educar a cada ser humano con quien me topaba. Pues, era obvio que yo tenía a una audiencia cautiva en esta ocasión en particular, porque el joven no podía más que escucharme mientras estaba en el auto. Platicamos en el camino, y luego apasionadamente empecé a compartir mi filosofía de vida y lo maravilloso que era todo. Cuando terminé mi pequeña disertación, dije, "Pues bien, hijo, ¿cómo te gustaría ganar mucho dinero y ser verdaderamente exitoso en la vida?"

Vi sus ojos que parecían mirar a lo lejos, y con una expresión deseosa en su rostro, dijo, "Oh, no sería problema para mí".

Esa no es exactamente la reacción de alguien con un deseo sobrecogedor de llegar a ser exitoso.

El deseo nos permite cambiar el agua caliente de la mediocridad al vapor de éxito excepcional.

MISIÓN

La mayoría de los músicos brillantes, atletas sobresalientes, padres maravillosos, y líderes gubernamentales efectivos han tenido un tremendo deseo de ser exitosos en lo que están haciendo. Sea ser la mejor ejecutiva del hogar, el mejor estudiante o el mejor banquero, requiere de una considerable cantidad de deseo para ser lo mejor en cualquier cosa.

Un estudio de Harvard en 1986 reveló que las personas sobresalientes tienen una cosa en común: un sentido absoluto de misión. No van al trabajo cada día —van a una misión. Tienen algo que realmente quieren hacer. Yo creo que el deseo es el gran ecualizador. Si usamos suficiente de ello y tenemos suficiente de ello, *el deseo nos permite cambiar el agua caliente de la mediocridad al vapor del éxito excepcional.* Las cosas pequeñas hacen una gran diferencia.

Cuando calientas agua a 211f (99.5c) tienes agua muy caliente. Puedes tomar el agua caliente y servirte una taza de café o te puedes afeitar con el agua. Pero si le agregas solo un grado más (.5 en centígrado), el agua se convierte en vapor. Ahora puedes tomar ese vapor y propulsar un tren literalmente por todo el país o puedes tomar un barco de vapor y propulsarlo alrededor del mundo. Es ese grado adicional lo que hace la diferencia.

La mayoría de los vendedores te dirán no que no reciben absolutamente nada de comisión por la venta que casi hacen. Y no hay mucha emoción, en el juego de golf, cuando la pelota casi cae en el hoyo, o en cualquier deporte, casi pegar a algo, o casi cualquier cosa. Pero la diferencia entre hacerlo y no hacerlo frecuentemente se mide en cantidades diminutas.

Cuando yo pienso en el deseo, pienso en un jugador de béisbol quien, en 1946, jugó para los St. Louis Browns. En ese tiempo, los Browns podían se considerados como el equipo más débil de la liga que jamás hubiera estado en el campo. Este beisbolista solo duró un año. Era un jardinero en el juego. Ni siquiera jugaba mucho. Nunca tuvo un jonrón. Pero yo creo que calificaría como un legítimo candidato para la Sala de la Fama. Este joven se llamaba Pete Gray y tenía un deseo ardiente, una ambición absoluta de jugar en las ligas mayores. Y lo logró a pesar de que solo tenía un brazo. Pero ese brazo, en conjunto con su tremendo deseo, le permitió llegar hasta las ligas mayores.

Tantas veces, el deseo es lo que hace la diferencia. Tengo un amigo que frecuentemente dice que aprovechas la mano que se te ha dado y la utilizas a lo mejor de tus habilidades; y con esa combinación, vas a tener éxito en muchos, muchos campos donde te involucres.

HABILIDAD

Muchas personas se quejan de no tener el talento suficiente para hacer la tarea. ¿Alguna vez has escuchado a alguien decir, "Si yo solo tuviera el talento de esa persona, yo podría..." o "Si pudiera cantar como ella..." o "Si pudiera vender como ese tipo..." o "Si pudiera responder a las objeciones como esa persona..." Lo que frecuentemente están diciendo es, "Si yo tan solo tuviera la habilidad de otra persona, podría..." Recuerda, si no estás utilizando la habilidad que ya tienes, no podrás usar la de otro.

Una de las parábolas mejor conocidas es la parábola de los talentos. Uno hombre se preparaba a ir a un país muy lejano, así que reunió a sus tres siervos. Le dio cinco talentos a un siervo, le dio dos talentos a otro siervo, y le dio un talento al último siervo. Dijo, "Me voy a ir, pero cuando regrese, espero que me den un informe en cuanto a lo que hicieron con sus talentos".

Cuando regresó, llamó al siervo a quien le había dado cinco talentos y le dijo, —Bien, ¿cómo hiciste?

El siervo contestó, —Hice bien. Tomé esos cinco talentos y los puse a trabajar, y ahora tengo diez talentos.

El hombre dijo, —Pues bien hecho, siervo bueno y fiel. Porque has sido fiel en lo poco, te daré mucho. —Y le dio más talentos.

Y luego dijo unas palabras emocionantes. —Entra en el gozo del Señor.

Luego le habló al segundo siervo y le preguntó cómo le había ido mientras él estaba de viaje. El siervo dijo, —Hice bien. Puse mis dos talentos a trabajar, y ahora tengo cuatro.

El hombre le dijo que había hecho bien y le dijo lo mismo que le había dicho al primer siervo.

Luego fue con el siervo a quien le había dado un talento y le preguntó qué había hecho. Esta vez escuchó una respuesta diferente. Escuchó de uno de los llorones de la vida—aquellos que siempre piensan, Si tan solo tuviera más, hubiera usado lo que tenía. Este siervo le contestó al hombre diciendo, —Yo sabía que usted era un hombre severo, que cosecha lo que no sembró y que era un hombre injusto, así que tomé el talento que me dio y lo escondí en la tierra. Mire, aquí está de vuelta.

La respuesta del hombre contiene algunas de las palabras más duras en esa porción de la Biblia, —¡Siervo perverso y perezoso!

Y le quitó el talento que le había dado y se lo dio al que tenía diez talentos. Ahora, entiende que lo siguiente que voy a decir es pura conjetura; no tengo razón alguna por creer esto, y sin embargo me parece muy consistente con todo lo que conozco acerca de la vida. Creo que si el siervo con un talento hubiera intentado hacer algo con él, aun si lo hubiera perdido, creo que se le hubiera dado otra oportunidad. Pero porque no lo usó, le fue quitado. La ley dice claramente que si usamos lo que tenemos, se nos dará más que usar.

En el capítulo previo en este libro identificaste muchas cosas que creías que querías. Las anotaste todas. Luego identificaste las cosas en las cuales no podías trabajar ahora, pero te dije que no las elimines porque más tarde, conforme crezcas y madures y te desarrolles, llegarán a ser metas legítimas en alguna área de tu vida. Conforme crezcas, podrás hacer muchas cosas con los talentos que tienes.

Si usamos lo que tenemos, se nos dará más que usar.

GANADORES Y PERDEDORES

Knute Rockne, un entrenador famoso de fútbol americano de Notre Dame, dijo, "No me gusta perder; no tanto porque es simplemente un juego de fútbol, sino porque la derrota significa que hubo un fracaso en alcanzar un objetivo". Creo que esa es una manera bastante buena de ver las cosas. Cuando usas lo que tienes, cuando tienes lo que deseas, hay muchas más probabilidades de ganar.

Rockne señaló que muchas personas pensaban que tenían que ser buenos perdedores o buenos ganadores. Él pensaba que ésta era una opción pésima. También señaló que él no tenía ningún deseo de obtener suficiente experiencia en perder como para ser un buen perdedor. "Muéstrame a un buen perdedor", dijo, "y te mostraré a un perdedor. Muéstrame a once perdedores pésimos, y te daré un equipo de fútbol que ganará el campeonato nacional". Dijo, "La forma en que un hombre gana muestra mucho de su carácter—y la forma en que pierde lo muestra todo".

Sin embargo, estoy hablando acerca de la voluntad, la determinación, y el deseo de ganar. Simplemente no tenemos que elegir entre ser buenos perdedores y malos ganadores. Entre más experiencia tengamos con ganar, mejor llegaremos a ser buenos ganadores.

> "La forma en que un hombre gana muestra mucho de su carácter—y la forma en que pierde lo muestra todo".

DESEO Y DETERMINACIÓN

Cuando pienso en el deseo, pienso en un hombre llamado Ben Hogan. Admito que soy un fanático del golf. Muchas personas juegan el juego mejor que yo, pero no creo que haya un ser humano vivo que disfrute del juego más que yo. Me encanta salir y dar ese golpe. Así que cuando empiezo a hablar de jugadores de golf, hablo de Ben Hogan, quien bien podría ser el mejor jugador que jamás haya jugado el juego cuando consideras todo.

Él inició su carrera en el golf con muy poco dinero. Literalmente no tenía casi nada que comer y se hospedaba en los lugares más baratos solo para poder sobrevivir la gira. Justo cuando estaba alcanzando su apogeo en el mundo del golf, una noche él y su esposa, Valerie, iban en camino a otro torneo y había mucha neblina. Al dar la vuelta a una esquina, vio venir derecho a él los faros delanteros de un autobús Greyhound. Instintiva y espontáneamente se lanzó en frente de su esposa para protegerla, y esa movida probablemente les salvó la vida a ambos, porque el impacto causó que el volante se lanzara más allá del asiento del conductor donde él había estado sentado momentos antes.

Los médicos, y hubo muchos de ellos, fueron unánimes en su consenso acerca de una cosa—Ben Hogan sería un hombre muy afortunado si siquiera llegar a levantarse de su cama. Todos sabían que él nunca podría volver a caminar; —y en cuanto a volver a jugar golf—eso ni siquiera era una consideración. No había manera. Pero ellos simplemente no habían tomado en consideración la voluntad de hierro, el tremendo impulso, y el deseo sobresaliente que Ben Hogan tenía. Aun mientras estaba recostado allí en la cama del hospital, en su cabeza él tenía los palos de golf en sus manos y los seguía visualizando. Luego comenzó a hacer ejercicios para fortalecer sus manos.

Cuando comenzó a caminar de nuevo, con la ayuda de bastones y muletas, apenas se podía mover. Eventualmente, pudo pararse en su habitación y tomar su palo de golf y luego empezar a practicar. Posteriormente, todavía en sus muletas, comenzó a salir al campo de golf y practicar con su palo. Gradualmente, después de muchos meses, se fortalecía más y más. Y, por supuesto, lo demás es historia. Ganó torneos y estableció records. Hizo algunas cosas que eran absolutamente imposibles. Ben Hogan no era lo que considerarías un golfista natural, pero el talento allí estaba. No se puede negar que él tenía talento, pero había otros jugadores que tenían infinitamente más. Pero nadie tenía más deseo de obtener el éxito en este campo que Ben Hogan.

> El entusiasmo en ocasiones se tiene que moderar con dirección.

ENTUSIASMO MODERADO

En ocasiones el entusiasmo se tiene que moderar con dirección. Trato de recordar eso porque en ocasiones las personas tienen la impresión de que lo único tienen que hacer es tener el deseo y que con eso pueden hacer casi cualquier cosa—y frecuentemente ese no es el caso.

En las Olimpiadas de 1988 en Calgary, Canadá, cualquier persona con algo de interés en los deportes recordará a un joven llamado Dan Jansen quien era un patinador de velocidad de los Estados Unidos y que era el competidor favorito de muchos que querían que él ganara una medalla de oro. Sin duda el 90 por ciento de las personas en el mundo, sin excepción de los que estaban compitiendo directamente con él, estaban deseando que ganara Dan Jansen, porque esa misma mañana su hermana mayor se había muerto de leucemia. Su deseo para ganar esa medalla de oro era absolutamente sobrecogedor. Él había entrenado fielmente. Estaba favorecido para ganar.

Sin embargo, en su primera vuelta, como esas cosas inesperadas de la fortuna suelen suceder, sus patines volaron por debajo de él y se estrelló contra la pared. Quedó fuera de la carrera aun antes de que empezara. Le había tomado una tremenda cantidad de deseo para llegar a las Olimpiadas. Su deseo ayudó a hacerlo llegar donde ahora él estaba.

Pero su deseo después de ese accidente determinaría qué haría por el resto de su vida. ¿Cómo lo manejó? ¿Ese deseo sería canalizado en la dirección correcta? ¡Sí! Dan Jansen llegó a ganar la medalla de oro en su última participación en su carrera Olímpica—en los juegos de 1994 en Noruega.

IGNORANCIA INTELIGENTE

Toda persona enfrenta serias desilusiones, derrotas y atrasos durante su vida. Tenemos que aprender cómo manejar estas situaciones. Pero el deseo crea lo que llamamos "ignorancia inteligente". Y si tienes mucha ignorancia inteligente real, muchas cosas pueden suceder. Por ejemplo, en el mundo de las ventas, personas que apenas están comenzando su carrera en las ventas llegan y no entienden verdaderamente las técnicas más finas de vender. Pero están tan convencidos de su producto, que en verdad tienen entusiasmo. Creen que su producto es la cosa más maravillosa desde que se inventó el pan rebanado, y creen que esto representa una tremenda oportunidad para ellos. Creen que toda persona con vida debe conseguir este producto fantástico — y el resultado neto es que salen y venden mucho más que los profesionales viejos. establecidos. Esto sucede una y otra vez.

El deseo hace la diferencia en muchas ocasiones. El deseo se manifiesta muchas veces en los juegos de básquet y futbol cuando el entrenador o árbitro suena el silbato y un sustituto salta de la banca y entra al juego como un cuerpo fresco. Aquí está un jugador suplente que quiere mucho impresionar al entrenador y a la multitud. Él o ella piensa, *Cuando yo salga, realmente le voy a mostrar al entrenador una o dos cosas ... y quién sabe, ¡quizá yo seré quien empiece el próximo juego!* He visto a sustitutos en muchas ocasiones jugar mejor que los jugadores que iniciaron el juego. Cuentan con ese poco deseo extra que hace una diferencia.

Creo que la abeja es un ejemplo clásico de lo que se trata la ignorancia inteligente. Si has leído y estudiado algo acerca de la aerodinámica, sabes que la abeja no puede volar—su cuerpo es demasiado pesado y sus alas demasiado ligeras. Se ha escrito que es imposible que la abeja vuele. Pero la abeja no puede leer; la abeja vuela.

Henry Ford es un caso clásico de un hombre que tenía ignorancia inteligente. Aunque él tenía una educación limitada, hizo una fortuna fabricando el vehículo Modelo T y luego el Modelo A. Luego un día tuvo una idea loca—concibió la construcción de un motor v8. El señor Ford no era ingeniero, así que reunió a su muy bien pagado personal y les dijo, "Quiero que me construyan un motor V8".

Trataron de "seguirle la corriente al viejo" un poco; no querían causarle una desilusión demasiado fuerte. Así que cuidadosamente le explicaron que el motor V8 era algo imposible de fabricar. Él dijo, —Pues bien, yo comprendo eso, pero tenemos que tener uno y quiero que fabriquen uno y que lo fabriquen ahora mismo".

Intentaron un tanto desganados, gastaron bastante dinero, y regresaron unos meses después y dijeron, —Sr. Ford, tal como le dijimos, el motor V8 es una imposibilidad. No se puede hacer.

Él dijo, —Es obvio que ustedes no entienden. Debemos tener un motor V8 y ustedes lo van a fabricar. Ahora, ¡vayan y fabríquenlo!

Pues, esta vez fueron y gastaron un poco más de dinero y se tardaron un poco más y regresaron con él y dijeron, —Sr. Ford, simplemente no se puede hacer.

En esta ocasión, Henry Ford pegó el grito en el cielo. Había perdido su paciencia. Dijo, —Aparentemente no les estoy comunicando mi mensaje! El motor V8 *sí* se va a fabricar y *ustedes* lo *van* a fabricar para mí. Ahora, yo quiero que vayan y esta vez no regresen hasta que me vengan con la noticia de que lo fabricaron. Ustedes de hecho van a fabricar un motor V8.

Fabricaron el motor V8. Un hombre tuvo la ignorancia inteligente para lograr que se hiciera. Henry Ford dijo, "Estoy buscando a muchos hombres que tienen una capacidad infinita de no estar enterados de qué es lo que no se puede hacer".

> Se ha escrito que es imposible que vuele. Pero la abeja no lee; la abeja vuela.

YO PUEDO

Toda persona y toda compañía en América necesita pensar en términos de *Yo puedo* en lugar de *No puedo*. Necesitamos a más personas que no están enterados de lo que no se puede hacer; ellas son las personas que saldrán y lo harán. Me encanta lo que Miss Mamie McCullough, nuestra "dama sí puedo" dice. Ella es la que tomó el libro *Nos veremos en la cumbre* y lo convirtió en un curso que se está enseñando por todo el país. Ella pensó en esto un día y se ha divertido mucho haciéndolo. Y la cosa agradable es que tiene mucho sentido.

El primer día ella le dijo a la clase, "Dentro de lo mejor de sus habilidades, quiero que me describan lo que es un "No puedo". ¿A qué se parece un "no puedo"? Los estudiantes lucharon con esa pregunta por uno o dos minutos, y luego Miss McCullough dijo, "No sabemos a qué se parece un 'No puedo', verdad? Ahora quiero que me describan un 'yo puedo'". Y describieron "puedos" grandes, "puedos" pequeños, "puedos" redondos, "puedos" cuadrados, "puedos" largos, "puedos" cortos —toda clase de "puedos".

Ella dijo, "En otras palabras, no existe tal cosa como un *no puedo*—no lo puedes ver, oler, probar o tocar. Pero sí puedes oler, sentir, tocar *puedo*. Así que 'no puedo' no existe, pero 'sí puedo' sí.

Vamos a llamar este curso Yo Puedo, y creo que ese es el espíritu que necesitamos más en este país nuestro—el espíritu yo puedo".

El general Creighton Abrams, Hijo, llevó la ignorancia inteligente a otro nivel. En la Segunda Guerra Mundial, durante la Batalla de Bulge, el general Abrams estaba totalmente rodeado por fuerzas enemigas—al norte, sur, este y oeste. Sus oficiales vinieron a él con pánico y le dijeron que estaban totalmente rodeados. En esencia, él contestó, "Pues, eso es magnífico; ahora permitamos que las tropas se enteren de que por primera ven en la historia de toda esta campaña podremos atacar al enemigo en cualquier dirección que queramos".

No se trata de cuál sea la situación; se trata de lo que hacemos de la situación en la que estamos. Solo necesitamos recordar que la noche más oscura desde el comienzo de los tiempos no oscureció a las estrellas—que aun en el día más brillante, puedes ir a un pozo y mirar hacia arriba y ver a las estrellas desde ese lugar oscuro. A veces cuando las cosas se ven lo más oscuro es cuando podemos ver un destello de luz que nos dirigirá hacia adónde en verdad queremos ir. Pero debemos tener *deseo* para hacer eso.

> No se trata de cuál sea la situación, se trata de lo que hacemos de la situación en que estamos.

ENTRE LOS
POSTES DE META

"Las personas sobresalientes tienen una cosa en común—un sentido absoluto de misión. No van al trabajo cada día—van en una misión. Tienen algo que realmente quieren hacer. Yo creo que ese deseo es el gran ecualizador". ¿Cuán profundamente te afectan estas declaraciones? Escribe acerca de la meta o las metas que causaría que cambiaras tu actitud de ir a trabajar a ir en una misión.

_____

_____

_____

_____

_____

_____

_____

_____

_____

_____

¿Qué tan efectivo eres en el uso de tus talentos y habilidades? Maximizas tus habilidades por medio de practicarlas y utilizarlas cada vez que tengas oportunidad? ¿Qué puedes hacer para mejorar o realzar tus talentos y habilidades para ayudarte a alcanzar tus metas?

_____

_____

_____

_____

_____

_____

_____

_____

_____

_____

_____

_____

_____

_____

_____

_____

¿Qué aprendiste al leer acerca de Ben Hogan y Dan Jansen? ¿Sus historias te animaron o desanimaron? ¿Por qué?

_____

_____

_____

_____

_____

_____

_____

_____

_____

_____

_____

_____

_____

_____

¿Avanzaría más rápidamente tu vida si tuvieras más "ignorancia inteligente?

No se trata de cual sea la situación; se trata de lo que haces de la situación en la que estás. Cita algunas "situaciones" en las que te encuentras ahora y luego escribe lo que vas a hacer de esas situaciones.

_____

_____

_____

_____

_____

_____

_____

_____

_____

_____

_____

CAPÍTULO 5

UN LIMÓN MAS DESEO

Si tomas un limón y le agregas deseo, entonces obtienes limonada. Estoy seguro de que has escuchado ese dicho antes, pero es cierto. Y algunas de estas historias verídicas e ilustraciones son de años atrás, pero los principios son tan válidos hoy y mañana como lo fueron ayer. Probados y comprobados.

Hace muchísimos años, la parte delantera de los automóviles tenían manivelas para arrancar el motor. Las personas tenían que pararse allí y girar esa cosa lo más fuerte posible para que el motor arrancara. Un día, el ingeniero e inventor estadounidense Charles Kettering tenía un limón. Un día él estaba afuera girando la manivela de su carro cuando el carro de repente avanzó inesperadamente y fracturó el brazo de Kettering. Aunque él tenía dolor, mientras se tomaba de su brazo fracturado, pensó, *Mientras tengamos este problema, el automóvil nunca va a ser muy popular.* Fue su brazo fracturado lo que llevó a inventar el motor de arranque para los automóviles. Su limón fue el brazo fracturado. Su limonada fue el motor de arranque.

Jacob Schick tenía un problema con un limón. Mientras estaba buscando oro en Alaska, se quería afeitar. Pero a 40 grados bajo cero, casi tan pronto colocaba el agua en la bandeja, el agua se congelaba. Así que inventó la maquinilla de afeitar eléctrica.

Neal Jeffrey era un mariscal de campo suplente de tercer grado en la Universidad Baylor y fue con el entrenador Grant Teaff un día y le dijo, "Quiero ser el mariscal de campo titular". El problema era que Neal tartamudeaba, y se requiere que el mariscal de campo hable con mucha fluidez. El reloj está avanzando y solo hay ciertos segundos para dar las siguientes jugadas. Pero Neal Jeffrey era un joven inusual. No solo llegó a ser el mariscal de campo titular, llevó a Baylor a ganó su primer campeonato de conferencia en 50 años, y fue nombrado el jugador más valioso en la Southwest Conference (Conferencia Sudoeste) ese año, llevando a su equipo hasta el Tazón de Algodón.

Muchas veces cuando cosas nos ocurren, podemos capitalizarlas— si tenemos la actitud correcta y el deseo.

APROVECHA LA ADVERSIDAD

Muchas veces cuando las cosas nos ocurren podemos capitalizarlas—si tenemos la actitud correcta y deseo.

En Enterprise, Alabama, hay una estatua poco usual en la plaza de la ciudad. Es una estatua de un gorgojo de algodón. ¿Por qué erigieron una estatua de un gorgojo? Durante una época en esa parte del país, el algodón era el único cultivo que sembraban. La economía dependía totalmente del algodón, y muchas veces las personas sufrían como resultado directo. No había diversificación. Un año el gorgojo de algodón invadió toda esa área—y ese bicho destructivo afectó cada planta de algodón dentro de cuarenta millas de Enterprise, Alabama. Los granjeros sufrieron pérdida total y completa. Como resultado, por fin reconocieron lo que se les había dicho por muchos años— necesitaban diversificar. Así que empezaron a sembrar y cosechar cacahuates, soya, maíz y muchos otros cultivos. La economía mejoró tanto que pensaron que sería apropiado levantar una estatua allí en el centro del pueblo porque el gorgojo de algodón les había forzado a tomar acción.

Si miramos bien a nuestras circunstancias, muchas veces podemos determinar que aun los peores acontecimientos pueden ser lo mejor que nos ha sucedido jamás después de todo.

El limón de Charles Goodyear, por ejemplo, fue ser enviado a la prisión. Lo enviaron a la prisión porque no podía pagar cierta deuda. Mientras estaba allí, tuvo el tiempo y la privacidad para trabajar y perfeccionar el proceso para vulcanizar el hule.

Martín Lutero, mientras que estuvo confinado al Castillo de Waterbury, nos dio la traducción de la Biblia al alemán. John

Bunyan escribió su libro de gran éxito, *El progreso del peregrino,* mientras estaba en la prisión. Gene Tunney llegó a ser el campeón mundial de boxeo de peso pesado porque fracturó ambas manos. Ahora, esa puede parecer una declaración muy rara, pero cuando Tunney era boxeador joven, le tocó pelear en las Fuerzas Americanas Expedicionarias durante la Segunda Guerra Mundial en Francia. Fracturó su mano derecha y luego fracturó su mano izquierda. Su entrenador y los médicos le dijeron que simplemente nunca iba a llegar a ser el campeón mundial de peso pesado porque sus manos eran demasiados quebradizos—no podrían soportar todos los puñetazos pesados requeridos.

Si tienes suficiente deseo, sin duda hará una diferencia. No importa cuál sea la situación, si le agregamos suficiente deseo, podremos tener éxito.

Pero Gene Tunney tenía un tremendo deseo de llegar a ser el campeón de peso pesado. Dijo que llegaría a ser el boxeador más científico que jamás entraría al ring. Pues, sí ganó el campeonato de peso pesado cuando peleó contra Jack Dempsey y sí se jubiló como el campeón mundial invicto de peso pesado. Pero los expertos del ring fueron virtualmente unánimes en su consenso cuando dijeron que si no hubiera fracturado sus manos, nunca hubiera llegado a ser el campeón de peso pesado. Tunney sin duda hubiera intentado boxear contra Dempsey pero no hubiera aprendido las habilidades necesarias para ganar. Los apostadores de aquel entonces decían que nadie le podría ganar a Dempsey en una larga batalla. Tunney ganó el campeonato porque tenía el deseo, había fracturado ambas manos, y porque tomó ese limón e hizo limonada.

Estoy tratando de dar el mismo mensaje de cien diferentes maneras para que puedas comprender que cuando la adversidad llega, posiblemente la adversidad es lo que necesitas para llegar a ser exitoso. Si tienes suficiente deseo, sin duda hará una diferencia. No importa la situación; si le agregamos suficiente deseo, podemos tener éxito.

UNA HISTORIA QUE RECORDAR

Uso muchos ejemplos e ilustraciones para cubrir ciertos puntos. Las personas tienden a recordar historias y ejemplos. Y si recuerdas la historia o el ejemplo, entonces es más fácil extraer la lección—lecciones que te inspiran y motivan a seguir alcanzando tus metas.

Esta historia en particular es una que he estado contando por veintitrés años, y cuento esta historia que involucra casi cada principio en el cual creo. Cubre cada uno. Yo estaba en Kansas City dando mi primer seminario realmente grande. Después del seminario ese día, me dirigí a mi habitación, esperando cenar a solas. Pero tan pronto que me bajé del elevador, oí la voz fuerte de

un hombre que he llegado a conocer y amar como un hermano,
—¡ZIG! ¿A dónde vas?

Le dije, —Voy a cenar.

Él dijo, —Espera un minuto, iré contigo.

Cuando nos sentamos y comenzamos a charlar, Bennie Lofchick y yo nos convertimos en amigos instantáneos. No solo amigos casuales, sino amigos muy cercanos. Nuestras familias eran casi del mismo tamaño. Tanto su papá como el mío se murió cuando éramos muy jóvenes. Ambos habíamos empezado a trabajar muy temprano en la vida. Él estaba en el negocio de baterías de cocina; yo también había hecho lo mismo por un tiempo en el pasado. Todo lo que teníamos en común era asombroso.

Dije, "Bernie, has venido muy lejos para asistir a una reunión de ventas". Él dijo, —Sí, y en verdad fue magnífico. Recibí algunas ideas maravillosas. Fue una gran experiencia.

Le presioné un poco más, quizá queriendo escuchar algo negativo en cuanto a algo que yo podría mejorar para la próxima vez. Así que dije, —Sí, pero te costó mucho dinero venir desde Winnipeg, Canadá a Kansas City por solo un par de días.

Pues, —él dijo—, gracias a mi hijo, David, no me tengo que preocupar del dinero.

Dije, —Bernie, me parece que tienes una historia. ¿Me la compartes?

Él dijo, —Claro que lo haré. Cuando nuestro hijo, David, nació, nuestro gozo literalmente no tenía límite. Estábamos eufóricos. Ya teníamos a dos hijas. Ahora teníamos al varón. Esa era la familia que habíamos querido cuando nos casamos. Pero dentro de unos pocos días, nos dimos cuenta de que algo estaba mal. La cabeza de David se colgaba sin fuerza alguna en el lado derecho de su cuerpo. Y babeaba demasiado para un bebé normal y sano. Pero el médico nos dijo que no nos preocupáramos... que ya pasaría esta etapa al crecer. Pero sabes, Zig, que cuando es tu propio bebé, te preocupas.

"Después de unos seis meses, lo llevamos con un especialista quien increíblemente lo diagnosticó con una condición que él identificó como el reverso de pies zambos, y lo trató para eso por varias semanas. Zig, nosotros sabíamos que era mucho más serio que eso. Así que lo llevamos a otro especialista, y después de un examen muy exhaustivo, nos dijo que nuestro hijito tenía parálisis cerebral—que nunca iba a poder caminar o contar hasta diez. El especialista sugirió que lo colocáramos en una institución para su propio bien y para, según dijo, "los miembros normales" de la familia.

"Pero Zig, yo no soy comprador; soy vendedor. Yo no podía concebir a mi hijo viviendo la vida de un vegetal y creciendo para no llegar a ser absolutamente nada. Lo vi en una luz totalmente diferente. Así que le pregunté a este doctor si conocía a otros doctores. Pues, este especialista se indignó mucho conmigo. Se levantó y dijo, 'Te he dado el mejor consejo que jamás recibirás. Te sugiero que lo aceptes'".

Bernie no aceptó el consejo. Fue con otro especialista quien le dijo lo mismo, y luego con otro y otro y otro. Treinta especialistas diferentes le dijeron que no había esperanza para su pequeñito. Luego escucharon del Dr. Pearlstein de Chicago, Illinois. El Dr. Pearlstein tenía la reputación de ser la autoridad número uno del mundo en cuanto a la parálisis cerebral, pero estaba tan ocupado, que no tenía citas disponibles hasta dentro de dos años.

Bernie por fin consiguió el número de teléfono del doctor y lo llamó. Hizo un arreglo con el doctor de que si había una cancelación, David sería el primer alterno. Solo diez días después, un niño de Australia canceló, así que envolvieron bien a su bebito y volaron a Chicago para que lo examinaran. Probablemente fue el examen más completo que el niño había recibido hasta entonces. Pasaron hora tras hora tras hora examinando al bebé. No tomaron en cuanta todos los demás estudios anteriores, ni todas las radiografías, y comenzaron desde punto cero para este examen.

Llamaron al mejor experto del mundo para leer las radiografías y decir qué había allí—no para hacer un diagnóstico o recomendación, simplemente informarles lo que las radiografías revelaban. Cuando todo había terminado, el Dr. Pearlstein y sus enfermeras se sentaron con los padres de David. El Dr. Pearlstein les dijo, "Este niño tiene parálisis cerebral. Nunca va a poder caminar o hablar o contar hasta diez—si escuchas a los profetas de la fatalidad. Pero", él dijo, "el hecho es que yo soy alguien consciente de soluciones, no consciente de problemas. Creo que hay algo que puedes hacer por este pequeñito, si están dispuestos a poner de su parte". Los papás de David dijeron que harían cualquier cosa humanamente posible si le ayudaría a su hijo.

La felicidad no es placer— la felicidad es victoria.

CUESTE LO QUE CUESTE

Ahora, en ese tiempo no les era fácil asumir un compromiso financiero muy pesado, pero le dijeron al médico que les dijera todo y que ellos harían lo que fuera necesario. Con muchísimo detalle, él les dijo, "Ustedes van a tener que trabajar con este niñito más allá de su resistencia humana. Y luego van a tener que trabajar con él todavía más. Tendrán que empujarlo hasta que él literalmente caiga y luego lo van a tener que levantar y empujar todavía más. Ustedes van a tener que ser la personificación de la paciencia porque pasarán muchos, muchos meses cuando no podrán percibir progreso alguno. Pero si se detienen en cualquier momento, él retrocederá hasta el comienzo y tendrán que comenzar todo de nuevo. Tienen que comprender que es un compromiso de toda la vida lo que están haciendo—no es algo que hacen este año, el próximo año, cinco años, o lo que sea... esto es de ahora en adelante".

Bernie y Elaine y David regresaron a casa. Contrataron a un experto en la condición física y un fisiculturista. Construyeron un pequeño gimnasio en el sótano de su casa y comenzaron a trabajar. Pasaron varios meses antes de que David pudiera siquiera moverse lo que era la longitud de su propio cuerpo. Un día, dos o tres años después, Bernie recibió una llamada por parte del terapeuta a su trabajo. "Creo que David está listo. Ven a casa". Bernie se apresuró para llegar a casa. David estaba en el gimnasio en un tapete, listo para hacer una lagartija.

Conforme su pequeño cuerpo se comenzaba a levantar en el aire, el esfuerzo físico y emocional eran grande. La piel de David estaba totalmente bañada en sudor y parecía como si hubieran echado agua al tapete. Cuando hubiera completado esa lagartija perfecta, Mamá y Papá, sus dos hermanas, David, el terapeuta y varios de los vecinos estallaron en lágrimas, lo cual claramente mostró que la felicidad no es placer—la felicidad es victoria.

Esta historia es aun más excepcional cuando supimos que una de las universidades principales de los Estados Unidos también había examinado muy cuidadosamente a David y habían descubierto que no había conexiones motrices al lado derecho de su cuerpo. Dijeron que él no tenía ningún sentido del equilibrio; que jamás podría nadar o patinar o subirse a una bicicleta.

Una cosa es decirle al médico que aceptas dedicarte a algo por los próximos quince años— es otra cosa cumplir por esos próximos quince años.

El 23 de octubre de 1971, mi esposa y yo estuvimos en Winnipeg, Canadá, para ver a David en su bar mitzvah. Yo hubiera querido que estuvieran presentes las cámaras de televisión del mundo para ver lo que nosotros vimos. Este jovencito de trece años—quien los médicos dijeron que nunca caminaría o hablaría o contaría hasta diez, en este punto en su vida ya había hecho hasta 1.100 lagartijas en un solo día y había corrido seis millas sin parar. Estaba haciendo extremadamente bien académicamente—hasta estaba tomando matemáticas para el noveno grado, aunque él cursaba el séptimo grado en la escuela St. John's-Ravenscourt.

David estaba corriendo mucho en su tercera bicicleta, patinando en el equipo de hockey de su vecindario, y era uno de los mejores jugadores de tenis en la ciudad de Winnipeg. Este año, según lo que yo sé, llegó a ser el primero, y según nuestro conocimiento, la única víctima de parálisis cerebral que ha calificado para una póliza de seguro de vida ordinario de $100.000.

PRINCIPIOS DE VIDA

La razón por qué te comparto tantos detalles de la historia de David es porque envuelve los principios de los cuales hemos estado hablando a través de este libro. Primero, hubo un *fundamento sólido*. El médico fue absolutamente *honesto* con los padres de David, y ellos por su parte fueron honestos con David. Como dijo Cavett Roberts, "El *carácter* es la habilidad de cumplir una buena resolución mucho tiempo después de que haya pasado el momento de la emoción". Es una cosa decirle al médico que aceptas dedicarte a algo por quince años—es otra cosa cumplir por esos próximos quince años".

La *integridad*—no hay duda de la integridad de todos los involucrados desde el primer día. *Lealtad* como nunca has visto en una familia que se convirtió en una sola fuerza. La *confianza* era increíble para esa familia. Se les dijo que pasarían muchos años antes de ver un cambio en la condición de David—requería una increíble cantidad de confianza para ver el resultado. Y *amor*—una de las historias más hermosas de amor que jamás he escuchado es ésta. Cuando David contaba con dos años de edad, tuvieron que empezar a ponerle refuerzos pesados en las piernas cada noche, y progresivamente las tenían que apretar más.

Cada noche cuando Bernie o su esposa le ponían esos refuerzos en las piernitas de David, había lágrimas en sus ojos. Él era un niño hermoso con ojos verdes, pelo negro como el carbón, y piel color oliva. Con lágrimas en los ojos, él decía, "Mami, ¿me los tienen que poner esta noche? Papi, ¿tienes que apretarlos tanto?" ¿No sabes que cualquier padre en existencia hubiera querido ceder? Pero los padres de David lo amaban tanto que le contestaban no a pesar de las lágrimas del momento—para que pudieran decir sí a la risa por toda una vida.

Cuando en verdad amas a alguien, haces lo que es mejor para esa persona. La *actitud* correcta y positiva se exhibía cada día y noche. Cada noche Bernie tomaba a David en sus brazos y le decía, "Hijo, eres un campeón. Puedes hacer cualquier cosa que quieras hacer pronto. Papi verdaderamente te ama y así también te ama tu mamá".

Bernie fue una de las primeras personas en conseguir una grabadora de casetes. Cada día, cuando David ya tenía la edad suficiente, durante sus sesiones de terapia, él escuchaba historias de motivación que levantaban su *autoimagen*. *Relaciones*—probablemente nadie ha trabajado más cercanamente y con mejor cooperación con otros que David. David trabajó toda su vida en sus *metas*. Hablamos acerca de metas diarias, a largo alcance, y grande.

Cuando hablamos del *deseo*, este joven superó más que casi cualquier persona que he conocido. El esfuerzo físico era absolutamente astronómico. David, por un año sólido, puso su "reloj de oportunidad" una hora más temprano que cualquier otro miembro de la familia. Cuando sonaba ese reloj, se levantaba y se ponía sus patines para salir a esa alberca congelada y practicar. Le tomó un invierno completo simplemente para aprender a pararse en el hielo. Posteriormente, patinó en el equipo de Hockey de su vecindario.

Lo has leído muchas veces en este libro; que puedes tener todo en la vida que quieres si solo ayudas a suficientes otras personas a obtener lo que ellos quieren. Pues, el fenómeno interesante de esta historia es que Bernie, en el proceso de proveerle a David su oportunidad en la vida, no solo tuvo que trabajar más inteligentemente, tuvo también que trabajar más duro. Por siete años, Bernie trabajó siete días y siete noches por semana. Solo descansó un viernes por la noche en siete años a fin de proveer para las necesidades financieras para darle a su hijo todo lo que necesitaba. Bernie Lofchick llegó a ser un hombre extraordinariamente rico. Pero va más allá de eso.

En verdad, nunca transitamos por la vida solos.

TOCAR A OTROS

Lo que nos pasa a nosotros afecta a otras personas. Permíteme contar esta otra historia complementaria acerca del hecho que en realidad, nunca transitamos por la vida solos.

Yo estaba compartiendo en Lubbock, Texas, y conté la historia de David. Había una pareja joven sentada en frente, y mientras contaba la historia, ellos estaban visiblemente conmovidos y pidieron hablar conmigo en privacidad después de la presentación. Me pidieron el nombre del médico que había tomado el lugar del Dr. Pearlstein cuando él se jubiló. Esta pareja tenía una hija de dieciocho meses a quien le habían diagnosticado parálisis cerebral.

Les di el nombre del médico y volaron con ella a Chicago para que él la examinara. El médico examinó cuidadosamente a la niña y al terminar, les dijo, "Esta niña no tiene parálisis cerebral; nació prematuramente y se está desarrollando algo lento. Ella recibió el diagnóstico incorrecto, pero porque ustedes la han estado tratando como si tuviera parálisis cerebral, ella ha adquirido algunos síntomas de la enfermedad. Llévenla a casa y trátenla como una niña normal y sana, y ella será una niña normal y sana".

La historia de David tiene que ver con muchos de los principios más básicos de la vida. No fue fácil, pero creo que estarás de acuerdo conmigo que es una historia de la cual podemos aprender de muchas maneras.

Muchas veces a través de los años me he dicho a mí mismo, *Me pregunto cuánto más grande y rápido y fuerte e inteligente... cuánto más hubiera sido David si se le hubiera dado la misma oportunidad en la vida que se nos ha dado a ti y a mí.* Un día me golpeó como una tonelada de ladrillos. Si se le hubiera dado más, sin duda habría terminado con menos, posiblemente con mucho menos. Posiblemente esa es la razón por la cual Dios nos dice en Su libro que le demos gracias en todo.

¿Cuál es el final de la historia? Pues, la historia se sigue escribiendo, pero puedo contar lo más actual en el momento de escribir. David Lofchick es un hombre bien parecido de 29 años de edad y pesa 195 libras. Está sano y felizmente casado—y es un papá orgulloso. Por los últimos dos años ha sido el vendedor número uno de condominios en la firma de bienes raíces número uno en Winnipeg, Canadá. Él está teniendo un tiempo maravilloso y tiene una maravillosa carrera. Los principios que aprendió como niño le están funcionando bien ahora y seguirán por el resto de su vida.

Ves, la historia no es de lo que estoy hablando, sino de los principios de la vida. Cuando aplicas estos principios, tomas estos pasos, y los cumples, lograrás tus metas.

ENTRE LOS POSTES DE META

Cuando cosas "malas" ocurren, ¿las capitalizas con el deseo y la actitud correcta? ¿O más a menudo permites que te inmovilicen con duda y auto desprecio? Escribe tus respuestas.

_____

_____

_____

_____

_____

_____

_____

_____

_____

_____

_____

_____

_____

La historia de David personifica muchos principios de la vida muy importantes incluyendo los siguientes, ¿Has desarrollado estos principios durante el curso de tu vida o sigues trabajando en convertirlos en fundamentos básicos de tu personalidad, actitud y mismo ser? Considera seriamente cada uno e identifica cada atributo con la letra correspondiente: BD=Bien desarrollado; D=Desarrollado; M=Mediocre; ND=Necesita desarrollarse; DNA=Desesperadamente necesita ayuda

Honestidad _____

Carácter _____

Integridad _____

Lealtad _____

Actitud optimista _____

Confío en mí mismo y otros _____

Me amo a mí mismo y a otros _____

Autoimagen positiva _____

Relaciones Sanas _____

Deseo de alcanzar mis metas _____

Fundamento sólido basado en todo lo anterior _____

Determina cambiar cualquier ND y DNA lo más pronto posible. Escribe los pasos que tomarás para que ocurran esos cambios.

CAPÍTULO 6

NO HAY
ALMUERZOS GRATIS

HACE muchos años un rey ya muy mayor reunió a todos sus hombres sabios y dijo, "Quiero que salgan y compilen para mí toda la sabiduría de las edades. Quiero que la pongan en forma de lista para que la podamos dejar para la posteridad". Así que salieron y trabajaron por mucho tiempo. Regresaron con doce volúmenes gigantescos.

El viejo rey sabio los miró y dijo, "Pues, estoy seguro de que ésta es la sabiduría de las edades, pero es demasiada larga; las personas no la leerán toda. Condénsela". Se fueron y cuando regresaron, esta vez tenían un volumen muy grande.

Nuevamente el viejo rey sabio dijo que era demasiado largo y que lo condensaran. Luego regresaron con solo un capítulo, después, una sola página, luego un párrafo y finalmente regresaron con una sola declaración.

El rey la leyó y dijo, "¡Esto es! Es realmente la sabiduría de los tiempos. Tan pronto que todas las personas en todas partes aprendan esto, habremos resuelto todos nuestros problemas".

El trabajo es el fundamento de todo negocio, la fuente de toda prosperidad, y el padre del ingenio.

La frase simplemente era, "No hay almuerzos gratis". Ahora, el rey sabio literalmente le pegó al clavo en la cabeza. Cuando las personas aprenden que si quieren ocupar su lugar en el sol, tienen que esperar tener algunas ampollas entonces mucho se habrá logrado. El trabajo es el precio que pagamos para viajar por la vía del éxito. Lo mejor que podemos hacer para cuidarnos de no perdernos la camisa es tener las mangas enrolladas. Muchos creen que el éxito depende de las glándulas, y claro, tienen razón si están hablando de las glándulas sudoríparas.

Los Estados Unidos de América fue construido por personas que trabajaban y tiraron los remos, no por personas que descansaron sobre los remos. Lee esa frase otra vez y piensa acerca de ello—es importante. Alguien escribió que el *trabajo es el fundamento de todo negocio, la fuente de toda prosperidad, y el padre del ingenio*. El trabajo puede hacer más para avanzar a la juventud que sus propios padres. El trabajo es representado en los ahorros más humildes y ha sentado las bases para toda fortuna. El trabajo es la sal que da a la vida su sabor, pero se tiene que amar antes de que pueda otorgar sus más grandes bendiciones y lograr sus mayores fines. Cuando es amado, el trabajo hace que la vida *sea dulce, llena de propósito y fructífera.*

> Cuando es amado, el trabajo hace que la vida sea dulce, llena de propósito y fructífera.

EL TRABAJO Y LA INTEGRIDAD

Desde el comienzo de los tiempos, todo mundo está de acuerdo en que no pueden obtener algo por la nada. Las personas en el gobierno, la educación, la religión, la industria, toda área de la vida, están de acuerdo en que no hay almuerzos gratis. Pero luego, por ninguna buena razón, los estados decidieron legalizar las carreras de caballos, las carreras de galgos, casinos, loterías estatales, y similares. Con razón nuestros hijos están confundidos. Un minuto estamos diciendo que tienen que trabajar, y en el próximo minuto decimos que llegaremos a la prosperidad por medio de los juegos de azar.

Un hombre sabio observó que la "familia de éxito" tiene al trabajo como el padre y la integridad como la madre. Posiblemente estés pensando, *"Espera un minuto, Ziglar, en todas estas páginas me has dicho que tengo que tener un fundamento bueno y sólido y estoy de acuerdo con eso. ¿Ahora me estás diciendo que después de haber hecho todo eso, también tengo que trabajar?"*

Sí, eso exactamente lo que estoy diciendo. La filosofía más bella en el mundo no funcionará si tú no trabajas. La educación y la motivación cubren mucho terreno, pero no lo cultivan. Esos simplemente son los hechos de la vida.

Aun Adán y Eva tuvieron que tender el Huerto de Edén. Fueron colocados allí para trabajar desde el principio. Tenemos que empezar a enseñar estos hechos de la vida desde temprano. Con demasiada frecuencia esperamos que nuestros hijos logren cosas, pero luego damos la vuelta y les damos todo—así que no tienen necesidad de lograr algo en sus propias vidas. Hay un proverbio judío antiguo que dice que si no enseñas a tus hijos a trabajar, estás criando a ladrones. Creo que hay algo de validez a esa observación.

A propósito de la educación, William Bennett, el Secretario (Ministro) de la Educación de los Estados Unidos de 1985-1988, en un artículo del periódico "New York Times" hizo esta observación: "Una de las verdades indecibles del tema de la educación es que en realidad no hay ninguna correlación entre los fondos gastados en la educación y la excelencia educacional". En otras palabras, tenemos que hacer más que meramente comprar una educación.

La educación depende de la motivación y la formación de buenos hábitos de trabajo.

Los hechos son hechos. De 1960 a 1985, los gastos nacionales en la educación triplicaron—mientras que la puntuación de los exámenes nacionales de admisión a la universidad se desplomó. Algunos de los sistemas de escuelas públicas más caros figuraron entre los menos efectivos. Los sistemas parroquiales de la nación son baratos comparados con los sistemas públicos. ¿Pero quién puede dudar de que son más eficaces—algo que se ha demostrado vez tras vez.

La educación depende de la motivación y la formación de buenos hábitos de trabajo. El predictor más preciso del logro educativo no tiene nada que ver con dinero ni el tamaño de la clase—depende de la calidad de tareas asignadas y completadas. Todo esto quedó bien establecido recientemente en la publicación del Departamento de Educación de los Estados Unidos, *Qué Funciona: Investigación acerca de la Enseñanza y el Aprendizaje.* Eso es lo que descubrieron.

No creo que tengamos un problema educativo; creo que tenemos un problema social. Necesitamos entender que aun después de invertir miles de millones de dólares en las escuelas, todavía vamos a tener que trabajar a fin de separar la información del libro donde está y colocarla en las mentes de los estudiantes.

Necesitamos enseñar a los estudiantes temprano—y aprender esta lección nosotros mismos—*nunca trabajas para otra persona.* Nunca. Posiblemente alguien más preparará tu cheque de la nómina y la firmará. Pero la verdad es que, *tú trabajas para ti mismo,* como tú eres quien eventualmente determinarás qué cantidad pondrán en ese cheque. Necesitamos aprender eso y necesitamos enseñarlo.

Cada trabajo es un autorretrato de la persona que la hizo. Como el que pinta obras y luego firma su nombre, nosotros debemos autografiar nuestro trabajo, cualquier y todo trabajo, con excelencia. Cuando haces más de lo requerido para tu pago, eventualmente te pagarán más por lo que haces.

Uno de los más grandes privilegios que tuve fue aprender importantes lecciones de niño. Mi madre en las etapas posteriores de su vida frecuentemente decía que lamentaba que sus hijos tuvieran que trabajar tan duro cuando eran niños. Cada uno de nosotros le aseguramos que uno de los mayores beneficios que tuvimos fue el privilegio de trabajar a una edad temprana, y creo que finalmente le persuadimos de eso.

Cada trabajo es un autorretrato de quien lo hizo.

MÁS TRABAJO, MÁS PAGO

Durante los años de la Gran Depresión, yo era un niño que trabajaba en una tienda de abarrotes en Yazoo City, Mississippi. Literalmente entre el 90 y 95 por ciento de la compraventa se hacía entre mediodía el viernes y las once de la noche el sábado. Eso era cuando los granjeros venían para comprar todo lo que necesitaban, y todas las personas que vivían en el pueblo recibían su pago el viernes, así que era cuando tenían dinero.

Porque el dinero era escaso en todas partes durante ese tiempo, el jefe solo compraba la cantidad suficiente de mercancía que él pensaba que vendería esa semana. Las tiendas en aquel entonces no mantenían mucho inventario, así que cuando se les acaban ciertos artículos, los propietarios de las tiendas pedían que los propietarios de otras tiendas les prestaran de su inventario. Un joven llamado Charlie Scott trabajaba en la tienda al otro lado de la calle; él era el corredor de esa tienda. Yo era el corredor de nuestra tienda.

Charlie entró volando por la puerta principal de nuestra tienda me imagino diez mil veces. Entraba y le decía al dueño, "Sr. Anderson, necesito que me preste media docena de latas de tomates". Mi jefe le decía, —Charlie, ya sabes dónde están. Ve por ellas.

Charlie corría al pasillo correspondiente, agarraba las seis latas de tomates, corría al mostrador, las colocaba allí, firmaba su nombre en el recibo que el Sr. Anderson ya había firmado, agarraba las latas, y salía corriendo de la tienda.

Un día le pregunté al Sr. Anderson, "¿Por qué siempre tiene Charlie tanta prisa?"

El Sr. Anderson contestó, —Charlie está trabajando para que le aumenten el sueldo; y parece que si lo va a obtener.

—¿Cómo sabe que le van a dar un aumento?

El Sr. Anderson sonrió y dijo, —Él va a recibir un aumento porque si el hombre para quien trabaja no se lo da, yo se lo doy.

Es absolutamente cierto que *cuando haces más de lo que te pagan por hacer, eventualmente te pagarán más por lo que haces.* Ahora, posiblemente la persona para quien trabajas no te aumente el sueldo, pero alguien va a ver lo que estás haciendo, y te van a dar el extra que vas a merecer. No es *el tirón* lo que hace la diferencia en la vida; es *el empuje* lo que hace la diferencia.

Estoy convencido de que una de las razones por las que los Estados Unidos está sufriendo un déficit ahora es porque, por ejemplo, nuestras contrapartes japonesas están trabajando más que nosotros—no dije logrando más sino trabajando más. En Japón, el graduado promedio de la preparatoria ha pasado más horas en la escuela que el graduado universitario promedio en los Estados Unidos. El estudiante japonés promedio pasa poco más de tres horas a diario estudiando después de las clases; el estudiante estadounidense promedio pasa poco menos de treinta minutos al día estudiando fuera del salón de clase. No me puedes persuadir de que todos esos cientos de horas extra no hacen una diferencia. Sí la hacen. Es un hecho.

 Cuando haces más de lo que te pagan por hacer, eventualmente te pagarán más por lo que haces.

Los japoneses no son más inteligentes que nosotros, pero trabajan más duro para lograr sus objetivos. En Japón, si le preguntas al adolescente promedio a cuál universidad asistirá, en qué empresa y departamento va a trabajar, qué harán dentro de cinco y diez años a partir de hoy—te puede contestar.

Por el otro lado, los chicos adolescentes estadounidenses promedio te pueden decir cuánto dinero recibió Michael Jackson para el comercial de Pepsi, cuánto dinero recibió Herschel Walker cuando firmó su contrato con Cowboy, cuántos discos ha vendido Bruce Springsteen y cuántos jonrones bateó Reggie Jackson. Pero háblales del mundo del trabajo, y estás hablando de una situación totalmente diferente. En promedio, ellos se identifican con el mundo del juego.

No me malentiendan—no es culpa de los chicos. Los adultos necesitamos ser quienes estamos haciendo el trabajo y enseñando, liderando por nuestro ejemplo. Debemos enseñar a nuestros hijos que deben hacer cada trabajo con tanto entusiasmo y tan bien que, como Charlie Scott, avanzarán de dónde están a dónde quieren estar.

Estuve en la Universidad de Mississippi State conduciendo un seminario y conté la historia de Charlie Scott. Cuando terminó el seminario, alguien se acercó conmigo y me preguntó, "¿Cuándo fue la última vez que viste a Charlie?" Le dije que habían pasado muchos años.

Me dijo, "Probablemente no lo reconocerías, ¿verdad?"

> Probablemente la cosa más humillante para una persona con respecto a su trabajo es perder un empleo para el cual está sobre calificado.

—No; me imagino que no. Ha pasado demasiado tiempo.

El hombre dijo, —Pues, fue lo que me imaginé. Yo soy Charlie Scott".

Ya para entonces Charlie era un hombre muy rico. Se jubiló a la edad de 50 para hacer exactamente lo que quería hacer en la vida. Pudo hacer eso porque lo que había aprendido como un chico en la tienda de abarrotes lo aplicó durante toda su carrera. Siempre hacía un esfuerzo extra y recibía los resultados esperados.

DALE TU MEJOR

Probablemente la cosa más humillante para una persona en con respecto a su trabajo es perder un empleo para el cual está sobre calificado. Eso ocurre frecuentemente. Consiguen un trabajo que en todo sentido es mucho menos de lo que están calificados a hacer, y piensan, *Yo podría quedarme dormido haciendo esto*, y por lo general, así sucede. Cuando te despiden por un trabajo para el cual estás sobre calificado, ¿qué le vas a decir a tu siguiente empleador? ¿Le vas a decir que te despidieron de un trabajo donde estabas colocando arena en una bolsa y no podías cumplir con ello? Sea cual sea el trabajo, la mejor manera de calificar para el siguiente trabajo es ser súper bueno en tu trabajo actual.

Hace algunos años mi esposa, nuestro hijo y yo fuimos a un restaurante. Después de sentarnos, un joven que era ayudante de mesero vino y empezó a servirnos agua. Tomó el primer vaso y lo llenó de agua, tomó el siguiente y lo llenó de agua, luego tomó el tercero y también lo llenó. Yo lo observaba intensamente y la expresión en su rostro era impresionante. Cuando había terminado, le pregunté, "¿No te gusta tu trabajo?"

Gruñó, —No, no me gusta.

Le dije, —No te preocupes, No lo tendrás por mucho tiempo.

Me miró totalmente asombrado y me dijo, —¿De qué está hablando?

Le dije, —Joven, te voy a decir algo; con esa actitud, te garantizo que no vas a tener este trabajo por mucho tiempo.

Él abruptamente se dio la vuelta, caminó hacia la puerta de la cocina y entró. Entró por la puerta giratoria como si estuviera enojado con el mundo e inmediatamente abrió la otra puerta y salió con una gran sonrisa—¡y qué diferencia más grande hizo!

Sea cual sea tu trabajo—dale tu mejor.

SATISFACCIÓN ENORME

Posiblemente reconozcas el nombre Michael Landon. Protagonizó varios programas de televisión increíbles... *Bonanza, Pequeña Casa en la Pradera*, y *Camino al Cielo*. Su primer empleo fue mezclar goma de pegar y cortar listones en una fábrica de listones. No se requiere de mucha habilidad para hacer eso. Pero Michael Landon dijo que aprendió a darle a cada trabajo su mejor absoluto, y cuando daba su mejor, dijo que recibía una gran cantidad de satisfacción por hacerlo.

La forma en que logras salirte de un trabajo que no te gusta es hacerlo tan extraordinariamente bien que no les conviene mantenerte en esa posición.

> Cualquier cosa que valga la pena hacer vale la pena hacer mal, hasta que aprendas a hacerlo bien.

Si en realidad quieres avanzar, ve al trabajo temprano, lo cual indica tu gran deseo de comenzar el trabajo. Pero si te quedas tarde, eso podría indicar que simplemente no pudiste terminar tu trabajo a tiempo. Sé entusiasta acerca de tu trabajo y busca maneras de aprender más. Luego, cuando ya has estado con la compañía por diez años, tendrás diez años de experiencia—no un año de experiencia por diez—esa no es la manera de recibir una promoción.

Mi amigo Steve Brown dijo, "Recuerda que cualquier cosa que valga la pena hacer vale la pena hacer mal, hasta que aprendas a hacerlo bien.". Muchas veces, titubeamos antes de empezar a hacer algo porque dudamos de nuestras habilidades. Pero cuando nuestro empleador, nuestro jefe, quiere que hagamos algo, debemos decir, "Seguro, haré lo mejor que pueda. Nunca lo he hecho antes, pero eso no significa que no lo pueda hacer. Haré mi mejor para ver cómo hacerlo".

Considera la actitud del anciano que estaba celebrando su centésimo cumpleaños. Un tipo pesado le dijo, "Ey, Abuelo, ¿vas a tratar de llegar hasta los doscientos?" Él contestó, —Pues, déjame decirlo de esta manera; tengo mucha más fuerza en este cumpleaños que cuando tuve mi primer cumpleaños.

Otro tipo pesado preguntó, —Abuelo, ¿puedes tocar el piano?

Él contestó, —No sé, nunca lo he intentado.

Me gusta su actitud.

Tradicionalmente, las personas dicen que no pueden hacer esto y no pueden hacer aquello. Pero ¿cómo lo saben si nunca lo han intentado? Si hay una oportunidad—dale tu mejor intento. Cuando haces las cosas que debes hacer cuando debes hacerlas, eventualmente podrás hacer las cosas que quieres hacer cuando quieras hacerlas.

Los siguientes principios son muy significantes:

- Hazlo ya. Si tienes una tarea que no quieres hacer, hazla ahora. La habrás completado más pronto sin menos lío. Probablemente te elogiarán cuando la hagas. Pero si tardas en iniciarla, te criticarán casi sin importar lo que suceda como resultado de que la hayas hecho.

- Persiste hasta terminar. La persistencia es importante.

- Permite que el fracaso sea tu maestro, no tu enterrador —un desvío no es una calle sin salida.

- Aprende a amar tu trabajo. Puedes aprender a amar tu trabajo al ajustar tu actitud. Mira a tu trabajo como algo que te gusta hacer y mira cómo puedes mejorar, sea cual sea el trabajo.

Por varios años, Charles Kettering fue el supervisor de una sección en General Motors. Un día un hombre sin trabajo llegó con Kettering mientras él trabajaba y le pidió dinero para el almuerzo. El Sr. Kettering le dijo, "No, no te daré dinero para comer, pero te llevaré a comer". Lo llevó a comer y le compró una buena comida. Después de comer, el hombre le dijo, "No estoy acostumbrado a pedir dinero, así que me gustaría trabajar por usted a fin de pagarle por esta comida". El Sr. Kettering le dijo, "Está bien. Tengo algo que puedes hacer". El trabajo era simplemente cavar un hoyo que necesitaban.

Charles Kettering le mostró cómo cavar un hoyo. Le mostró exactamente cómo medirlo, cómo asegurarse de que quedara perfectamente recto, y perfectamente nivelado. Mientras el Sr. Kettering cavaba el hoyo, demostró una cantidad considerable de orgullo en cuanto a la manera en que el hoyo debiera cavarse.

El hombre entonces se dio a la tarea. Hizo un trabajo magnífico. Hizo tan bien, de hecho, que el Sr. Kettering le dio un trabajo. Más adelante, el hombre llegó a ser supervisor y dijo, "Sr. Kettering, si alguien me hubiera enseñado temprano en la vida la importancia de hacer un trabajo bien y de sentir orgullo en cualquier cosa que haga, nunca me hubiera quedado sin trabajo".

El trabajo nos da más que provisión para vivir; nos da nuestra vida—nuestra dignidad y nuestro destino.

EL TRABAJO Y LA VIDA

El trabajo nos da más que una provisión para vivir; nos da nuestra vida—nuestra dignidad y nuestro destino.

Hace muchos años en las Montañas Smoky, varios cerdos domésticos quedaron sueltos y empezaron a vivir en la naturaleza silvestre. Después de varias generaciones, los cerdos se volvieron progresivamente más y más salvajes al grado que se habían adaptado tanto a su entorno silvestre como fuera posible. Porque eran muy peligrosos, la gente local decidió que necesitaba deshacerse de ellos, así que contrataron a algunos cazadores. Pero los cerdos eran extraordinariamente inteligentes y lograron escaparse de los cazadores.

Un día un hombre anciano llegó al pueblo en la cima de la ladera de la montaña. Tenía un burro conectado a una carreta que cargaba algo de leña y grano. Anunció a las personas curiosas que él iba a ir a atrapar a los cerdos. Se medio rieron del anciano, pero él les dijo, "No se preocupen. Regresaré y les diré dónde tengo a los cerdos atrapados. Unas tres semanas después, bajó al pueblo y les dijo dónde podían encontrar a los cerdos encerrados en una jaula.

—¿Cómo lograste hacerlo? —le preguntaron.

—Pues, lo primero que hice fue colocar la leña en el suelo. Luego esparcí algo del grano en suelo. El viejo cerdo que era el líder estaba observando todo esto desde lejos y luego llevó a las cerdas y a los cerditos a que fueran con él a investigar. Tomó un par de horas antes de que estuvieran dispuestos a probar el grano, pero estaba allí y no les costaba nada—así que lo comieron.

Él continuó, —Al siguiente día fui y cavé dos hoyos para colocar postes y puse un poste en cada hoyo y luego puse más grano justo en medio. Al principio dudaron, pero allí había grano como antes. Por un período de dos semanas, gradualmente edifiqué la cerca y coloqué la puerta de trampa. Luego puse mucho grano dentro de la jaula y tal como esperaba... la atracción de obtener algo por nada—alimento gratis—los atrapó. Entraron a la jaula e inmediatamente cerré la puerta y puse el cerrojo. Quedaron atrapados.

A mi parecer, esta historia nos dice mucho acerca del trabajo y la vida. Cuando haces que un animal dependa de las personas por su alimento, destruyes su iniciativa.

El dicho bien conocido es cierto: Dale a alguien un pez y la persona se alimenta por un día. Pero si les enseñas a las personas a pescar—a trabajar por su alimento—se pueden alimentar de por vida. Cuando le das a las personas todo regalado, les niegas su dignidad y les robas de su destino. Tenemos que trabajar para ganar nuestro camino en la vida—y al hacerlo, cosechamos los beneficios de nuestro esfuerzo.

ENTRE LOS POSTES DE METAS

En tus propias palabras escritas, ¿cómo describirías "la sabiduría de todos los tiempos" en unas cuantas frases?

_____

_____

_____

_____

_____

_____

_____

_____

_____

_____

Llena los espacios, y siente la libertad de añadir palabras que vengan a la mente.

El trabajo es el _____ de todo negocio, la _____ de toda prosperidad, y el _____ del ingenio. El trabajo puede hacer más para _____ a la juventud que sus propios padres. El trabajo es representado en los _____ más humildes y ha sentado las bases de cada_____. El trabajo es la _____ que da a la vida su sabor, pero se tiene que _____ antes de que pueda otorgar sus mayores_____ y lograr sus mayores fines. Cuando es _____, el trabajo hace que la _____ sea dulce, llena de propósito, y fructífera.

¿Tomas riesgos? ¿Qué de aprovechar oportunidades? ¿Existe una diferencia entre los dos? ¿Qué tan probable es que tomarás un riesgo potencialmente beneficioso o que aprovecharás una oportunidad si está delante de ti? Escribe tu razonamiento.

_____

_____

_____

_____

_____

_____

_____

_____

_____

_____

_____

_____

"El trabajo nos da más que una provisión para vivir, nos da nuestra vida—nuestra dignidad y nuestro propósito". ¿Cuán cierta es esta afirmación concerniente a tu vida tal como es hoy? ¿Alcanzar las metas que estableciste y trabajar para alcanzar esas metas hará que esta declaración sea verdadera?

CAPÍTULO 7

EL MEJOR TRABAJO JAMÁS

CAMBIA tu actitud acerca de tu trabajo de que es algo que *tienes* que hacer a algo que *tienes la oportunidad* de hacer. Si cambias tu actitud, habrá una gran diferencia en tu desempeño.

Hace algunos años mi hijo y yo estábamos regresando de Phoenix después de las fiestas navideñas. Yo había estado yendo allí varios años para participar en el torneo profesional de golf del Fellowship of Christian Athletes (Compañerismo de Atletas Cristianos). Mi hijo había jugado conmigo en esta ocasión y estábamos entusiasmados y emocionados y nos habíamos divertido mucho.

Cuando llegamos al agente antes de subirnos al avión, coloqué nuestros boletos en el mostrador, y le dije, "¡Buen día! ¿Cómo está usted?"

—¿Comparado con qué? —contestó con tono quejoso.

Sonreí y dije, "Pues, comparado con todas las personas que, a diferencia de usted, no tienen un excelente trabajo con una empresa maravillosa, viviendo en América en un sistema de libre empresa donde usted puede disfrutar de todas las libertades que la vida ofrece, con una maravillosa oportunidad de avanzar en el empleo que usted tiene y prestar un verdadero servicio a otras personas, y ¡disfrutar de buena salud a la vez! Así que, ¿cómo está usted?"

El agente sonrió de oreja a oreja y contestó, "Pues, ¡estoy mucho mejor de lo que estaba hacer un minuto!" Interesantemente, "¡a mi hijo y a mí nos subió de categoría y nos dio asientos en primera clase! Cuando uno se da cuenta de que hay millones de personas que no tienen la oportunidad de trabajar, entonces es fácil poner tu propio trabajo dentro de la perspectiva correcta.

Si cambias tu actitud, habrá una gran diferencia en tu desempeño.

¿ME LO DICES EN SERIO?

Me encanta la historia de las dos damas que se habían vuelto muy desencantadas con sus empleos. Según ellas, se sentían miserables e infelices, solo para comenzar. Decidieron que ya habían soportado lo suficiente y que iban a renunciar el siguiente viernes por la tarde. El jueves por la noche se juntaron para formular su plan para el próximo día. Decidieron ir temprano el próximo día, vestirse muy bien para su último día, limpiar la cocina y las áreas alrededor, dejar todo perfectamente limpio, hacer el café, y cuando los trabajadores comenzaban a llegar, intencionalmente le iban a servir a cada uno una taza de café y ser muy amables y agradables con ellos.

Cuando entró la primera empleada, quien, por supuesto, no tenía idea del plan, una de las damas saludó a la mujer y le dijo, "Pues, ¡buenos días! Yo no tenía ni idea de que llegabas tan temprano. ¡Qué bien te ves hoy! Adelante. Hice una olla de café. Siéntate y permíteme servirte una taza".

La mujer estaba totalmente asombrada porque ella conocía bien la actitud que esta otra mujer por lo general tenía. Así que le agradeció profusamente y le dijo cuánto apreciaba este recibimiento tan temprano por la mañana. Entró otro empleado y le dieron es mismo trato. Luego entró el tercero, el cuarto, y así sucesivamente.

Luego entró el primer cliente y una de las mujeres lo saludó con mucho entusiasmo, diciendo, "Usted es nuestro primer cliente de hoy y ya me puedo dar cuenta de que vamos a tener un día maravilloso porque estoy segura de que todos van a ser iguales a usted—agradable y alegre y amigable". El cliente se veía totalmente asombrado y dijo, —¡Válgame! Muchas gracias. ¡Como aprecio que me reciban de esta manera!

Todo el día las mujeres siguieron comportándose de esa manera. Alrededor de las cuatro de la tarde disminuyó un poco la cantidad de clientes, y las dos mujeres se reunieron para platicar por unos momentos. Una le dijo a la otra, "¿Cuándo les vas a decir? ¿O quieres que yo les diga?"

Y la otra dijo, —¿De qué estás hablando?

—Ya sabes, ¿quién les va a decir que hoy renunciamos?

—¿Renunciar al mejor trabajo que he tenido? ¿Me lo dices en serio?

Según mi entendimiento, ésta es una historia verídica. Cuando cambias tu actitud acerca de tu trabajo, hará una diferencia dramática en tu desempeño en tu empleo. Lo que haces *fuera del* trabajo juega un papel importante en cuanto a tu avance *dentro de* tu trabajo.

> Lo que haces fuera del trabajo juega un papel importante en cuanto a tu avance dentro de tu trabajo.

EXIGE MÁS DE TI MISMO

Otro principio es ser exigente de ti mismo. El entrenador de básquetbol John Wood de la universidad UCLA dijo que no hay gran diversión, satisfacción o alegría derivada de hacer algo que sea fácil. El fracaso no es fatal, pero fracasar en cambiar sí lo podría ser.

Coach Wooden fue el entrenador de básquetbol más exitoso en la historia. Nunca tuvo una temporada de pérdidas; ganó diez de doce campeonatos nacionales para UCLA, siete de ellos uno tras otro. Wooden dijo que él tomaba en cuenta los valores morales de sus jugadores con el mismo cuidado con que consideraba su velocidad.

Necesitamos entender que el esfuerzo es clave, pero la dirección y la lealtad son fundamentales. No tiene sentido hacer un excelente trabajo en lo que no deberías estar haciendo. La eficiencia es hacer las cosas bien. La eficacia es hacer las cosas correctas de manera eficiente. El trabajo duro más los valores morales tradicionales son la combinación ganadora.

> El 100 por ciento de ellos dijo que el trabajo duro era la clave de su éxito.

En Korn Ferry International, en conjunto con la Escuela de Administración de UCLA, hicieron un estudio de 1.361 vice presidentes que tenían un ingreso promedio de $215,00.00 USD. Los más exitosos habían estado en sus trabajos por más de quince años y solo habían tenido dos empleos en total. Además, el 87 por ciento seguía casado con su primera y única pareja, el 89 por ciento tenía dos, tres, cuatro o más hijos, el 71 por ciento dijo que la integridad era su recurso personal más importante, y el *100 por ciento dijo que el trabajo duro era la clave de su éxito.*

La edición del 13 de enero de 1986 de la revista *U.S. News and World Report* tuvo un artículo acerca del millón de millonarios en los Estados Unidos. El tiempo promedio para adquirir su fortuna había sido entre veinte y treinta años, y ganaban su dinero por medio de suplir las necesidades humanas básicas. Ya lo mencioné, pero vale repetirlo—menos del uno por ciento de los millonarios en los Estados Unidos ganó su dinero por medio de la música, la radio, la televisión, películas, el entretenimiento o los deportes. Es más, menos del 1 por ciento se había ganado dinero en todos esos campos combinados. Esto vale ponderar.

El honorable Clarence Pendleman, presidente de la Comisión de Derechos Civiles de 1981-1988, me dijo personalmente que como resultado de los estudios que habían hecho—particularmente en la comunidad afro-americana donde se han levantado tantas esperanzas falsas acerca de cómo alcanzar el mayor éxito posible en los deportes, la música y el entretenimiento—las probabilidades son mil veces más grandes que un joven atleta negro llegará a ser un médico o abogado exitoso a que llegue a ser un atleta profesional.

Cuando empiezas a pensar acerca de lo que leíste en el capítulo anterior acerca del deseo, esa es una de las razones por qué conté la historia del joven que tenía un deseo sobrecogedor de llegar a ser el campeón de peso ligero pesado, y sin embargo, fracasó—porque no tenía las habilidades ni la experiencia. Yo creo que si empezamos a apuntar a nuestros jóvenes hacia las metas, tienen mil veces más buenas posibilidades de lograrlas, y habremos rendido a nuestro país y a nuestros jóvenes un servicio mucho mejor.

Una encuesta de Lewis Harris de personas que ganaban $142,000 USD o más al año y que tenían un valor neto de más de medio millón de dólares, sin incluir sus casas, describió a estas personas exitosas como:

- Poco emocionantes

- De mediana edad

- Cautelosas

- Les son importantes los valores familiares y la ética laboral

- El 83 por ciento estaba casado

- El 96 por ciento adquirió su valor neto por medio del trabajo

- El 80 por ciento era políticamente conservador o moderado

- Relativamente no materialistas

- Su mayor objetivo era proveer para su familia—el 85 por ciento dijo que ese era su objetivo principal

- El 11 por ciento calificó poseer un auto caro como una alta prioridad

- El prestigio y los distintivos del éxito no importan tanto como la familia, la educación y su empresa o trabajo

No es muy emocionante—pero sí hay mucha felicidad. Estas personas exitosas tienen un buen nivel de vida; pero infinitamente más importante, tienen una excelente calidad de vida. *El trabajo duro persistente y consistente hace la diferencia.*

EL TRABAJO DURO HACE LA DIFERENCIA

Frecuentemente se considera a Thomas Edison como el genio inventivo predominante en la historia de nuestro país. De hecho, tuvo muchos inventos exitosos, especialmente cuando consideras todo el trabajo que hizo; es fácil entender por qué tuvo tanto éxito. Posiblemente hayas escuchado la historia de cuando llegó con él un joven reportero y le dijo, "Sr. Edison, entiendo que usted ha estado trabajando en un solo experimento más de diez mil veces". Esto fue durante sus esfuerzos por inventar la luz incandescente.

El Sr. Edison dijo, —Así es.

El reportero le preguntó, —¿Cómo se siente haber fracasado diez mil veces?

El Sr. Edison dijo, —Joven, apenas estás empezando en la vida, así que permíteme decirte esto... y nunca lo olvides. No he fracasado diez mil veces. Exitosamente he encontrado diez mil maneras que no funcionarán.

Es la diferencia en tu actitud lo que cuenta.

Cuando Jerry West, uno de los mejores jugadores de básquetbol de todos los tiempos en la NBA era todavía muchacho, era tan pésimo que los demás niños en el patio de recreo ni siquiera le permitían jugar con ellos. Cuando estaba en el gimnasio de la escuela, solía quedar atrás de los demás muchachos, y después de que todos se iban y todas las luces ya estaban apagadas, Jerry se quedaba allí y practicaba echando la pelota a la canasta en las sombras. Él no tenía acceso a los interruptores de luz, así que pasaba hora tras hora viendo apenas el contorno de la pelota. Eventualmente desarrolló el toque para echar la pelota a la canasta casi en toda oscuridad. Esa es la razón por qué llegó a ser el uno de los mejores escoltas en toda la historia del NBA. Requiere mucho esfuerzo alcanzar tus metas.

Mi amigo Joel Weldon cuenta una historia que tiene tanto mérito. Los chinos plantan una semilla para que salga un bambú. Riegan y fertilizan la semilla el primer año, pero nada sucede. El segundo, tercer y cuarto año hacen lo mismo, pero nada sucede. El quinto año vuelven a regar y fertilizar la semilla, y en algún momento durante el curso del quinto año, en un período de aproximadamente seis semanas, el bambú chino crece 90 pies (casi 28 metros) de altura. Las preguntas son—¿creció 90 pies en seis semanas o creció 90 pies en cinco años? La respuesta es obvia. Si uno de esos años no hubieran regado y fertilizado la semilla, no habría ahora un árbol de bambú chino.

> El fracaso es la línea de menor resistencia—el éxito ocurre cuando la oportunidad se encuentra con la preparación.

Muchas veces trabajamos y trabajamos y trabajamos y nada ocurre. Trabajamos otra vez y nada ocurre, y luego hacemos un último esfuerzo y logramos éxito. Probablemente has visto esto ocurrir cuando alguien de repente llega a tener éxito de la noche a la mañana. Posiblemente tú hayas experimentado esto en alguna área de tu vida. Pero lo que otros no ven es todo el trabajo y el esfuerzo que se hizo anteriormente y que hizo que diera lugar "el éxito de la noche a la mañana". He escuchado decir que *el fracaso es la línea de menor resistencia—el éxito ocurre cuando la oportunidad se encuentra con la preparación*. Yo creo que esto es cierto.

PERSISTENCIA Y DETERMINACIÓN

Una de las historias más intrigantes que he escuchado es la historia de Demóstenes. Posiblemente reconozcas el nombre de este gran orador griego que escaló las alturas de la oratoria que, según dicen, nadie más ha igualado. Cuando Demóstenes era joven, había una ley que la herencia que dejaba el padre de alguien podía ser desafiada por cualquier persona en un debate público. Si el oponente ganaba el debate, el heredero literalmente podía perder su fortuna. Demóstenes tenía una dificultad del habla; además, era muy tímido y torpe.

Durante el debate, Demóstenes quedó tan avergonzado y humillado. No solo perdió toda su autoestima; perdió también la fortuna de su familia. Pero no perdió su voluntad y su determinación. Fue a la playa y colocó piedrecillas en su boca y se paró allí por horas y días proyectando su voz mientas hablaba a las olas y al viento. Después de un período de tiempo, por ser un excelente estudiante y un trabajador extraordinariamente duro, se hizo famoso por todo el mundo por sus habilidades oratorias. La historia no registró el nombre del hombre que le robó a Demóstenes su fortuna, pero Demóstenes ha sido recordado muy positivamente por varios siglos.

El presidente de los Estados Unidos Calvin Coolidge lo dijo de esta manera: "Nada en el mundo puede tomar el lugar de la persistencia. El talento no lo hará; no hay nada más común que hombres sin éxito pero con talento. El genio no lo hará; el genio no premiado casi es un proverbio. La educación no lo hará; el mundo está lleno de derelictos educados. Solo la persistencia y la determinación son omnipotentes".

"Nada en el mundo puede tomar el lugar de la persistencia".

Vince Lombardi, el legendario genio entrenador quien fue el único para entrenar consecutivamente a tres equipos de fútbol americano que ganaron Campeonatos Mundiales, dijo, "Nunca he conocido a un hombre que verdaderamente valga que, a la larga, muy en lo profundo de su corazón, no apreciara la rutina y la disciplina". Hay algo en la gente buena que verdaderamente anhela y requiere disciplina".

El famoso violoncelista Pablo Cassals, después de haber logrado el reconocimiento internacional como artista, seguía practicando seis horas cada día. Alguien le preguntó por qué seguía con el esfuerzo. Su respuesta simplemente fue, "Creo que estoy progresando".

La oportunidad de la grandeza no toca en la puerta—está dentro de cada uno de nosotros. Sin embargo, tenemos que trabajar para hacerla relucir. Frecuentemente se nos instruye a "Golpear al fierro cuando está caliente"; en otras palabras, aprovechar una oportunidad mientras que la tengamos, y que es consejo sabio. Mejor consejo, sin embargo, es causar que el fierro se caliente con nuestros golpes. Sí; la persistencia tiene una recompensa. La vida es difícil. No es dónde comienzas sino donde terminas lo que hace la diferencia—una gran diferencia.

Harry Conn, en su bello libro, *The Four Trojan Horses of Humanism*, ("Los Cuatro Caballos Troyanos del Humanismo") escribe acerca del libro *Who's Who of America* ("Quién es Quién de América"). Este es diferente de *Who's Who in America* ("Quién es Quién en América") que es un directorio que proporciona información acerca de líderes y personas de éxito. En este libro, descubren que se requieren 25,000 familias trabajadoras para producir un miembro del libro, *Who's Who in America*. Se necesitan 5.000 abogados para producir un miembro de *Who's Who* en sus familias. De 2.500 dentistas, producirán un miembro de la familia que será un miembro de *Who's Who*.

Pero solo se requieren siete familias cristianas misioneras para producir un miembro de *Who's Who*. Me pregunté por qué. Al reflexionar sobre esta estadística, la razón predominante se reduce a cinco factores:

1. De todas las personas sobre la faz de la tierra, los misioneros son los que tienen más fe.

2. Tienen que luchar más duro bajo las circunstancias más difíciles.

3. Tienen que aprender a llevarse bien con personas extrañas en una tierra extraña, así que aprenden ingenio.

4. Tienen que ser capaces de realmente trabajar, improvisar, y sacrificarse

5. Tienen que aprender a lidiar con las frustraciones y la angustia y desilusiones y derrotas y contratiempos.

> La vida es difícil. No es dónde empiezas sino cuándo terminas lo que hace la diferencia—una gran diferencia.

Cuando reúnes todos esos factores, los resultados finales son absolutamente magníficos.

No, no es fácil alcanzar tus metas. Ni siquiera he sugerido de la manera más mínima que va a ser fácil, porque no es cierto. Pero las recompensas son absolutamente tremendas.

UNA VIEJA BOMBA DE AGUA

Honestamente creo que si en realidad no has captado nada de lo que has leído hasta aquí, si captas el mensaje en la siguiente historia acerca de una bomba de agua, creo que esta historia sola va a valer tu tiempo.

Un buen amigo mío, Bernard Haygood, y su cuñado, Jimmy Glenn, estaban paseando por las faldas de las montañas del sur de Alabama un día de agosto brutalmente caluroso, y les dio sed. Bernard guio su carro hasta una vieja casa abandonada en el campo, y vieron una antigua bomba de agua. Saltaron del auto y corrieron hasta la bomba y Bernard agarró la manivela y empezó a bombear.

Después de un par de minutos, dijo, —Jimmy, agarra esa vieja cubeta y ve por agua en el arroyo. Vamos a tener que preparar la bomba antes de que le podamos sacar agua.

Prepararon la bomba con agua del arroyo, pero aun así no salía agua. Después de unos minutos más, Bernard dijo, —Sabes, Jimmy, creo que no hay agua en este pozo.

Jimmy dijo, —Creo que sí hay. Es que en el sur de Alabama, los pozos son profundos. Nos da gusto que así sean, porque entre más profundo el pozo, más fresca, limpia, dulce, pura y sabrosa resulta el agua.

"...entre más profundo el pozo, más fresca, limpia, dulce, pura y sabrosa resulta el agua".

Eso se parece mucho a la vida, ¿verdad? ¿No es cierto que las cosas por las cuales tenemos que trabajar más duramente son las cosas que van a tener el mayor valor? ¿No es cierto que la promoción por la cual realmente tenemos que trabajar para conseguir es la que más nos importa? ¿No es cierto que la materia que es más difícil de aprender es la que apreciamos más cuando la sabemos? ¿No es cierto que la chica o chica que más batallamos para que se fije en nosotros es la o él quien más nos emociona?

Regresemos a la historia. Bernard siguió bombeando y bombeando—preguntándose cuánto más trabajo estaba dispuesto a invertir a fin de conseguir esa bebida de agua. Finalmente, Bernard levantó sus manos y dijo, —Jimmy, simplemente no creo que haya agua allí.

Jimmy dijo, —¡No dejes de hacerlo! Cuando te detienes, toda el agua vuelve a bajar hasta el fondo y tenemos que empezar todo de nuevo.

Ya hay un par de magníficas lecciones para nosotros en esta historia. Para comenzar, a fin de sacar agua, tienes que poner algo adentro—tienes que preparar la bomba. Tantas personas se paran frente a la estufa de madera de la vida y le dice, "Estufa linda, regálame algo de calor y luego le te coloco algo de leña". Muchas veces el empleado va con el jefe y le dice, "Deme un aumento y luego empezaré a llegar al trabajo a tiempo". En muchas ocasiones el estudiante dirá, "Maestra, sé que no he estudiado este semestre y sé que en realidad no he hecho muy bien, pero si me llevo una mala calificación a casa, mi mamá se va a desilusionar mucho. Deme una buena calificación esta vez, Maestra. Y si lo hace, le prometo que leeré y estudiaré el próximo semestre".

Lo que realmente están diciendo es, recompénseme y luego desempeñaré. Pero las cosas no funcionan así; si así fuera, te puedes imaginar al granjero diciendo, "Dios, yo sé que no planté nada este año, pero si me da una buena cosecha, el próximo año plantaré más que nadie".

Así no es cómo funciona la vida. Tienes que ponerle algo antes de que esperes que algo salga—y luego tienes que bombear mucho. Y si dejas de hacerlo, todo el buen esfuerzo se pierde.

Jimmy agarró la manivela de esa vieja bomba y empezó a bombear y bombear. Trabajó duró al bombear, dándole todo su esfuerzo. Luego, una vez que el agua empezó a fluir, lo único que tenía que hacer era seguir dando presión consistente y finalmente terminaron con más agua de la que necesitaban.

¿Alguna vez has notado que cuando las cosas están bien, mejoran? ¿Y que cuando están mal, empeoran? Esos tiempos no tienen nada que ver con lo que está sucediendo afuera. Más bien, tiene todo que ver con lo que ocurre en el espacio entre tus oídos.

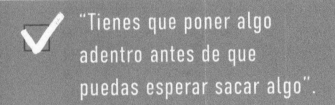

"Tienes que poner algo adentro antes de que puedas esperar sacar algo".

El problema básico que tiene la mayoría de las personas cuando empiezan un nuevo proyecto es que dicen, "Pues, solo le prestaré atención a este proyecto por un poco y si resulta, qué bueno, y si no resulta, eso está bien también. Nada intentado, nada logrado". Con esa clase de actitud, nada va a suceder.

Pero cuando te involucras y desde el principio realmente vas tras un buen resultado—y bombeas y bombeas y bombeas— entonces progresarás, y una vez que estés en el flujo, entonces lo único que tienes que hacer es mantener una presión consistente y cosecharás resultados.

> "Lo que haces fuera del trabajo juega un papel importante en cuanto a hasta dónde llegarás en el trabajo".

¿Sabes lo que me gusta de estos principios de hechos de la vida para alcanzar tus metas? Me gusta que cada uno no tenga nada que ver con tu edad o educación, nada que ver con si eres negro o blanco o mayor o joven u hombre o mujer o extrovertido o introvertido, con buena educación o inculto.

Estos principios simplemente proporcionan maneras para que las personas libres tengan éxito. Es nuestro derecho dado por Dios trabajar: trabajar tanto tiempo y tan duro como deseemos y con tanto entusiasmo como deseamos para lograr nuestros objetivos en la vida. Creo que de eso se trata América. Sé persistente, determinado y sigue trabajando: si lo haces, lograrás sus metas.

ENTRE LOS POSTES DE META

¿Qué diferencia haría si fueras a trabajar mañana con una actitud brillante y alegre? ¿Se darían cuenta tus compañeros de trabajo? ¿Tu jefe? ¿La gente de la cafetería? ¿El personal de limpieza? ¿El reparador? ¿Cualquier persona que veas durante el día? Visualiza sus reacciones y elige mañana comenzar el día con una sonrisa para toda persona con quien te encuentres; en el trabajo y en casa. Lo más probable es que devuelvan la sonrisa cada vez.

"Lo que haces fuera del trabajo juega un papel importante en cuanto a hasta dónde llegarás en el trabajo". ¿En qué actividad o actividades participas fuera del trabajo? ¿Refleja tus deseos en la vida, tus metas, tus talentos, tus mejores cualidades? Si no tienes actividades fuera del trabajo, haz una lista de las cosas que le gustaría hacer para mejorar, redondear o equilibrar tu vida. Toma medidas para incorporar una o dos de esas actividades.

Es cierto que aquello para lo que trabajas más duro es lo que tendrá más valor en tu vida. Piensa en tu último logro, algo por el cual que te esforzaste y finalmente recibiste. ¿Ese recuerdo te trajo una sonrisa? Ahora piensa en todos los buenos sentimientos que tendrás cuando pongas a trabajar todo lo que aprendiste a través este libro y obtienes tu objetivo al alcanzar tus metas en la vida. ¡Tienes buenos tiempos por delante!

_____

_____

_____

_____

_____

_____

_____

_____

_____

_____

_____

_____

_____

METAS

METAS

EL MEJOR TRABAJO JAMÁS

METAS

METAS

METAS

MY GOALS

- [x] _____
- [x] _____
- [x] _____
- [x] _____
- [x] _____
- [x] _____
- [x] _____
- [x] _____
- [x] _____
- [x] _____
- [x] _____
- [x] _____

METAS

ABOUT THE AUTHOR

ZIG ZIGLAR (1926-2012) was one of America's most influential and beloved encouragers and believers that everyone could be, do, and have more. He was a motivational speaker, teacher, and trainer who traveled extensively delivering messages of humor, hope, and encouragement. His appeal transcended age, culture, and occupation. From 1970 until 2010, Zig traveled more than five million miles around the world sharing powerful life-improvement messages, cultivating the energy of change.

Zig Ziglar wrote more than thirty celebrated books on personal growth, leadership, sales, faith, family, and success. He was a committed family man, dedicated patriot, and an active church member. His unique delivery style and powerful presentations earned him many honors, and today he is still considered one of the most versatile authorities on the science of human potential.